FSHD

DGM

Diagnosegruppe FSHD

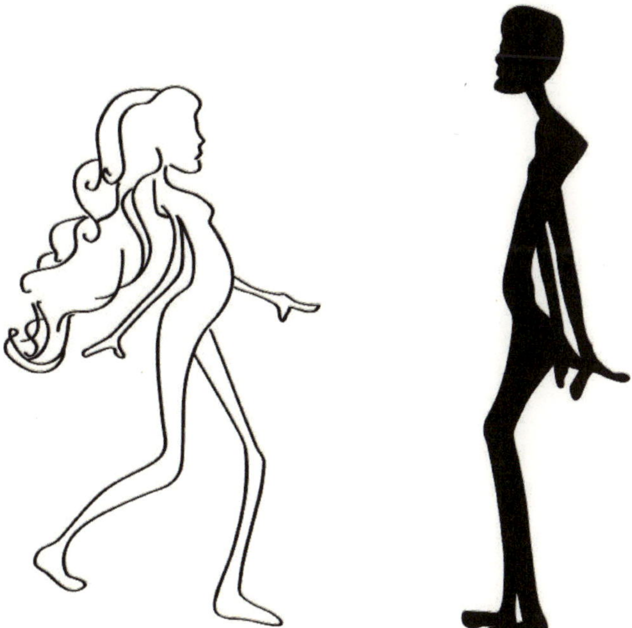

Geh soweit du träumen kannst

Leben mit FSHD

Diagnosegruppe FSHD in der DGM e.V.

FSC
www.fsc.org
MIX
Papier aus verantwortungsvollen Quellen
Paper from responsible sources
FSC® C105338

Bibliografische Information der Deutschen Nationalbibliothek:
Die Deutsche Nationalbibliothek verzeichnet diese Publikation in der Deutschen Nationalbibliografie; detaillierte bibliografische Daten sind im Internet über http://dnb.dnb.de abrufbar.

1. Auflage: April 2017

Herstellung und Verlag:
Books on Demand GmbH, Norderstedt

Covergestaltung: Christof Luckas

ISBN: 978 3 743 16158 0

Der Zweck des Lebens ist das Leben selbst.

Johann Wolfgang Göthe

Inhalt

Ein paar Worte vorweg

FSHD nimmt dir Muskeln, Fähigkeiten, Träume. Sie lehrt dich Loslassen und Annehmen. Sie fordert dich heraus. Und zeigt dir Wesentliches. FSHD ist unheilbar. Noch.

FSHD ist eine seltene Muskelerkrankung und die Abkürzung für facio-scapulo-humerale-Muskeldystrophie. Sie ist so individuell wie die Menschen selbst und kann sich in jedem Lebensabschnitt zeigen. Mit ihr zu leben heißt: die Arme schaffen es nicht mehr über den Kopf, die Füße geraten ins Stolpern, der Mund verlernt das Lächeln. Es heißt, einen Stock, einen Rollstuhl, eine Assistenz zu akzeptieren.

Auf diesen Seiten erzählen Menschen davon, wie es sich anfühlt, wenn sich die Dinge verändern. Es sind Geschichten und Gedanken über Mut und Zuversicht, Frust und Lust. Lust am Leben.

Die Idee zu diesem Buch ist in der FSHD Diagnosegruppe der DGM e.V. entstanden mit dem Wunsch, ins Gespräch zu kommen - für mehr Aufmerksamkeit, Verständnis und Miteinander. Und auch, um die Forschung finanziell zu unterstützen.

Zum ersten Mal gibt es Hoffnung auf eine Therapie, vielleicht sogar Heilung der FSHD. Sie, liebe Leser und Leserinnen, können helfen, indem Sie dieses Buch kaufen, verschenken oder weiterempfehlen. Wenn Sie Geld spenden möchten, finden Sie nähere Informationen auf den hinteren Seiten.

Ich danke Ihnen und wünsche Ihnen angenehme Stunden beim Lesen.

Silke Kuwatsch

Erika

Auf der Lebensautobahn

Mit Anfang 20 habe ich meine Zukunft geplant. Meine berufliche Karriere nahm einen großen Bereich ein. Als Assistentin der Geschäftsführung verdiente ich ordentlich Geld, ich wollte große Reisen machen und mich nur auf der Überholspur der Autobahn bewegen. Ich war als Drängler unterwegs und jagte langsamere Autofahrer von der linken Spur. Kinder passten nicht wirklich in meine Zukunftsplanung. Freunde nur, wenn sie sich gut in meine Planung einpassten.

Mit Anfang 30 purzelten Zwillinge in mein Leben. In der Schwangerschaft musste ich längere Zeit liegen, bis die Zwillinge geboren wurden. Von meinem Sofa aus gab ich Anweisungen an meine Vertreterin im Büro. Es gab die ersten Schlaglöcher auf meiner Lebensautobahn. Ich musste die Überholspur für Schnellere freimachen. Die Karriere nahm nun weniger Raum ein. Familie und Kinder einen größeren. Zeit für Freunde blieb nur am Rande.

Ich blieb drei Jahre zu Hause und kümmerte mich um meine Kinder. Und wieder gab es Bodenwellen, die mich nun auf die rechte Spur zwangen. Ich konnte plötzlich nicht mehr joggen. Aber warum sollte ich joggen, wenn ich ein Pferd zum Reiten hatte? Ich fand wieder zurück in meinen Beruf, jetzt halbtags, um genügend Zeit mit meinen Kindern verbringen zu können. Und immer noch war ich auf der Autobahn. Immer schnell, schnell, schnell. Zeit für Freunde? Immer noch Mangelware.

Und eines Tages ging plötzlich nichts mehr schnell. Innerhalb eines Winters lösten sich meine Oberschenkelmuskeln im Nichts auf. Trotz 80 Kniebeugen jeden Morgen wurden meine Schenkel immer dünner, die Kraft weniger. Erst vier Jahre später bekam ich meine Diagnose FSHD. Nun musste ich mein Lebensauto noch weiter nach rechts lenken. Mein Leben lief jetzt auf der Standspur weiter.

Erstaunlicherweise hatte ich plötzlich Zeit. Ich musste Vieles loslassen, was nicht mehr möglich war, ich musste Vieles neu organisieren. Spontan etwas unternehmen ging nicht mehr. Höchstens spontan hinfallen. Eine einzelne Stufe zwingt mich zu einem großen Umweg, eine Treppe ohne Geländer zur Kapitulation.

Ganz andere Dinge bekamen in meinem Leben einen Wert. Und endlich hatte ich Zeit, Kontakte zu pflegen, Freunde zu treffen. Einfach im Garten sitzen und die Sonne genießen. Und es ist schön, auf dem Standstreifen zu stehen und den gestressten Mitmenschen zuzuschauen, die sich täglich auf der Überholspur abhetzen.

Endlich sehe ich die Blumen am Straßenrand, sehe die Vögel in den Büschen und die Feldhasen, die übermütig über die Wiese hoppeln. Ich genieße die Ruhe und Gelassenheit, die sich einstellt, wenn man den richtigen Standpunkt gefunden hat. Einfach Zeit haben – ist das nicht herrlich?

Marion

Wir stricken unser Leben jeden Tag ein Stück weiter

Reine Handarbeit

Wir alle stricken unser Leben jeden Tag ein Stück weiter.
Die einen stricken liebevoll und sorgsam.
Man merkt, welche Freude es ihnen bereitet,
ihr Lebenswerk zu gestalten.
Die anderen stricken mühevoll und ungern.
Man merkt, welche Kraft und Mühe es sie kostet,
das Leben jeden Tag neu aufzunehmen.

Manche wählen ein kompliziertes Muster,
andere ein ganz schlichtes.
Oft ist es ein buntes Maschenwerk oder aber
ein Stück in tristen Farben.

Nicht immer können wir die Farben selber wählen
und auch die Qualität der Wolle wechselt,
mal weiß und flauschig weich, mal grau und kratzig.

Und öfter lässt man eine Masche fallen,
oder sie fällt ohne dein Zutun und zurück bleiben
Löcher und ein unvollständiges Muster.

Manchmal reißt der Faden und es hilft nur ein dicker Knoten.
Wenn wir unser Leben betrachten, wissen wir genau,
welche Stellen es sind, und oft geschieht es,
dass einer sein Strickzeug in die Ecke wirft.

Es wird für uns Menschen ein ewiges Geheimnis bleiben,
wie viel Lebensfäden uns noch zu verstricken bleiben.

Du hast die Nadeln in der Hand.
Du kannst das Muster wechseln,
die Technik oder das Werkzeug.
Nur aufziehen kannst Du nichts,
auch nicht ein kleines, winziges Stück!

© Soso

Korinna Westphal

Der Drahtseilakt - Leben mit FSHD

So richtig los ging es bei mir, glaube ich, mit 35-40. Die Krankheit kam bei mir ganz leise angeschlichen. Ich habe es am Anfang gar nicht bemerkt, mich nur gewundert, dass ich an manchen Tagen beim Wandern das Gefühl hatte, den Kilimandscharo zu erklimmen. Dabei war ich doch nur am Tegernsee. Immer weniger ging und dann kamen die schlimmen Schmerzen in der Achillessehne, die die Orthopäden mit allem möglichen Sinn und Unsinn behandelten und nie genauer nachgeforscht haben, woran es liegen könnte. Nach zwei Jahren Ärztemarathon dann fast schon die Erlösung. Ich bekam einen Namen für das, was los ist: FSHD. Der Traum von „Korinnas mobiler Massage“ war damit geplatzt, aber immer noch besser, als weiter nichts zu wissen.

Das Schlimmste ist, dass ich nicht mal sagen kann, wann es begann. Ich weiß nur, dass ich im Sport immer die war, die keiner beim Handball haben wollte, dass Laufen nie mein Sport war und ich es immer gehasst habe. Ich habe mich einfach immer schwergetan.

Gut im Gedächtnis ist mir die Aussage, die mal kam: „Deine Mundwinkel hängen ständig runter. Du kannst ja nicht mal richtig lächeln“. Heute weiß ich, dass das damals schon die beeinflusste Mimik war. Damals war ich nur betroffen und verletzt. Genau genommen bin ich das noch bis heute.

Ich finde es traurig, wie mit Menschen mit FSHD umgegangen wird. So lange man läuft, darf man mit so netten Fragen rechnen wie „Warum gehen Sie so komisch?“ Seitdem ich den Stock benutze, auch wenn ich ihn am Anfang kaum akzeptieren konnte, fällt die Fragerei wenigstens weg, aber jeder schaut blöd. Auch, dass Menschen mit FSHD von der Forschung als „nicht rentabel“ eingestuft werden, weil es zu wenige sind, macht mich traurig und wütend zugleich.

An manchen Tagen hasse ich meinen Körper und die FSHD, da lähmt mich die Zukunftsangst. Ich bin wütend und gefrustet, weil ich immer nur Sneaker tragen kann und Rucksäcke statt Handtaschen. Neulich sagte mir eine Verkäuferin: „Die Hose ist mit einem schicken Schuh ganz toll.“ Und ich dachte nur: „Toller Trick“, mit einem schicken Sneaker auch. An anderen Tagen komme ich gut klar damit und denke mir „He, es hätte schlimmer kommen können“.

Ich fühle mich und benehme mich momentan so, als müsste alles jetzt noch geschehen, denn morgen könnte es nicht mehr funktionieren. Aufstehen vom Boden ohne Hilfe, als das nicht mehr ging, bin ich total verzweifelt. Als ich das dann in der Kur wieder gelernt habe, bin ich ausgeflippt vor Freude und konnte es nicht glauben. Seitdem wird es regelmäßig geübt und jedes Mal, wenn ich zum Üben auf den Boden gehe, schlägt mir das Herz bis zum Hals aus Angst, es könnte nicht mehr klappen und jedes Mal, wenn ich dann wieder stehe, fühle ich mich wie befreit und kann es kaum glauben, dass ich es wieder geschafft habe.

Durch die FSHD hat sich mein Freundeskreis sehr geändert. Ich kenne viele Menschen, die mir helfen, die an mich glauben und ich kenne viele Menschen, die wie ich jeden Tag von vorne kämpfen.

Mein Freundeskreis ist aber auch kleiner geworden. Ich habe keinen Platz mehr für Neider.

Ein Stück weit habe ich mich ausgesöhnt mit der FSHD, habe ich doch durch sie gelernt, was wichtig ist und Menschen getroffen, denen ich sonst nie begegnet wäre und über die ich glücklich bin, dass sie in meinem Leben sind. Ich habe gelernt, dass Familie nicht immer „blutsverwandt“ sein muss, dass Familie viel mehr die echten Freunde sind, die einen stützen, aber auch bei Bedarf mal „treten“.

Für mich ist das Leben mit FSHD wie ein Drahtseilakt, bei dem ich nur durch ständiges Hören auf meinen Körper auf dem Seil bleibe. Dabei hilft mir auch das Wissen, dass mich meine Familie, blutsverwandt oder nicht, als Netz auffängt.

© Korinna Westphal

Roland

Ein Fußballfan sieht das Spiel seiner Mannschaft im Fernsehen an.

Beim Siegtor reißt er die Arme hoch.

Sein muskelkranker Kumpel beobachtet ihn.

Er hatte ganz vergessen, dass er das vor Jahren auch einmal konnte.

Eva Hunger

Auf dem Pfad des Lebens tanzen

Wie schaffe ich es, auf diesem engen Pfad des Lebens zu wandeln, dass ich mich einerseits nach der FSHD richte, aber andererseits nicht alles deswegen entscheide? Und vor allem: Wie kann ich auf diesem Pfad tanzen und ausgelassen leben?

© Eva Hunger

Manchmal möchte ich das nicht Planbare planen. Ich möchte am liebsten wissen, wie lange ich was noch machen kann - denn dann könnte ich darum herum planen. Aber das geht nicht und auf eine gewisse Art und Weise befreit es mich und im gleichen Atemzug beschränkt es mich. Manchmal genieße ich erst recht deswegen jeden wundervollen Moment des Lebens, manchmal lähmt mich die Angst vor der Zukunft - manchmal bin ich dankbar für die FSHD, manchmal verfluche ich sie.

Ich muss mich körperlich einschränken, aber ich will nicht meine Ideen, meinen Geist einschränken. Nur weil ich manches nicht kann, heißt es nicht, dass ich nichts kann. Und eines will ich vor allem nicht: dass mich Angst lähmt. Deswegen versuche ich ganz bewusst Dinge zu tun, vor denen ich Angst habe. Zum Beispiel einen Vortrag vor vielen Leuten zu halten, eine Initiative zu gründen oder einen Artikel über mein Leben mit FSHD zu schreiben. Danach habe ich jedes Mal das Gefühl, ein kleines Stückchen größer geworden zu sein, ein kleines bisschen entspannter mit mir selbst. Wenn ich merke, dass ich etwas nicht mehr kann - das letzte große Ding war es, nicht mehr auf hohen Schuhen gehen zu können - fange ich immer an zu weinen und bekomme wahnsinnige Panik. Es steigt richtig in mir hoch und schnürt mir die Kehle zu, da ich merke, dass ich überhaupt nichts daran ändern kann. Und ich denke, was sich jetzt alles ändern muss. Ich werde die einzige meiner Mädels sein, die beim Feiern keine hohen Schuhe anzieht. Ich muss meine High Heels abgeben. Ich muss erzählen, dass ich es nicht mehr kann. Und vor allem sind diese Muskeln nun für immer weg. Das sind für mich die schlimmsten Momente - denn es zeigt mir die nackte Realität.

Auf der anderen Seite sind es im Nachhinein diejenigen Situationen, die meinen Charakter so einzigartig und so schön machen. Ich kann Menschen so wie sie sind annehmen, da ich weiß, dass man für vieles nichts kann. Ich kann mich gut in andere Menschen hineinversetzen, die Probleme bei etwas haben, denn ich weiß, wie es ist, damit umzugehen. Und ich bin stark geworden, denn es hat mir jedes Mal gezeigt, dass ich auch mit einer weiteren Veränderung leben kann.

Ich möchte die FSHD nicht zu der Sache machen, die mich definiert. Also stelle ich mir die Frage: Was würde ich machen wollen, wenn ich gesund wäre? Dann versuche ich, mich dem anzunähern.

Manchmal macht es mir die FSHD auch leichter: Ich passe in das Standardsystem eh nicht rein - warum nicht alles anders denken?

Durch mein Studium der Kommunikations- und Kulturwissenschaften weiß ich, dass wir Dinge beurteilen, weil wir Werte und Traditionen vorgelebt und beigebracht bekommen haben. Doch die FSHD bringt mich dazu, diese Werte zu überdenken. Und dafür bin ich dankbar. Sie lässt mich tanzend den Pfad entlanggehen - denn ich weiß, dass das letztlich mich und damit auch alle um mich herum glücklich macht.

Ut desint vires, tamen est laudanda voluntas.

Wenn auch die Kräfte fehlen,
muss der Wille dennoch gelobt werden.

Das ist das Lebensmotto vieler Muskelkranker.

Ursprünglich stammt diese Weisheit
von dem römischen Dichter Ovid
aus dem 1. Jahrhundert n. Chr.

Silke

FSHD macht mich nicht zu einem Dichter, doch zum Denker werde ich allemal. Wie kriege ich im Sitzen die Hose über den Hintern? Komme ich an den Käse im Supermarktregal? Wieso ist diese verflixte Espresso-Tasse auf einmal so schwer? Wie muss der Hund stehen, damit ich ihm die Pfoten putzen kann? In welchem Kinosaal waren nochmal die Treppen? Was, wenn mein Autolift in einer Einöde den Geist aufgibt? Oder der Aufzug so mittendrin? Wann wird das Gehen nicht mehr gehen? Warum sehen so wenige Menschen einen Sonnenaufgang? Oder mich in diesem Rollstuhl? Wer bin ich? Und was? Für wen bin ich? Ich denke, also bin ich. Vielleicht doch manchmal ein Dichter...

© Silvana Denker

Birgit

Begegnung mit dem Bundespräsidenten

Meine Tochter Tamara durfte im Rahmen des 50. Jubiläums der Fernsehlotterie Anfang 2006 dem damaligen Bundespräsidenten Horst Köhler eine Blume überreichen. Da gab es viele neue Dinge zu erleben. Security, Kontrollen, viele Menschen in Anzügen, Polizei, Presse, Fernsehen – und mitten drin, die kleine Tamara.

© Birgit

Sehr anrührend fand ich, dass sich der damalige Bundespräsident Horst Köhler bei der Übergabe der selbst gebastelten Blume des Kindergartens in die Hocke begeben hat, um auf Augenhöhe mit Tamara zu sein. Das Ganze wurde dann in der Zeitung und im Regionalfernsehen ausgestrahlt bzw. gedruckt.

Tamara war von der Situation so beeindruckt, dass sie ein Bild gemalt hat und es dem Bundespräsidenten per Mail zu seinem Geburtstag im Februar geschickt hat.

© Birgit

Was dann passiert ist, hat uns in helle Aufregung versetzt: Es kam ein Brief vom Bundespräsidenten!!! Er hat sich ganz herzlich für das Bild bedankt und geschrieben (ja teilweise auch von Hand!), dass er die Blume in seinem Vorzimmer hat und dass er sich über Tamaras Bild sehr gefreut hat.

Wenn wir mal wieder darüber sinnieren, dass unsere Erkrankung doof ist, dann hole ich ab und an diese Erinnerung hervor und sage mir: Wäre Tamara nicht an FSHD erkrankt, hätte sie das nie erleben dürfen.

Andreas Holder-Egger

Der andere Rollstuhl

Mein Stiefsohn, 5 Jahre alt, war mit seiner Mutter beim Einkaufen. Vor ihnen räumte an der Kasse eine Dame im Rollstuhl ihre eingekauften Sachen in eine Tasche. Von Natur aus sehr neugierig, betrachtete er die Frau ohne Scheu, ging um ihren Rollstuhl herum, schaute und war sehr interessiert. Man sah der Dame an, dass es ihr ein wenig unangenehm war, sie bereitete sich innerlich wohl schon auf Fragen vor wie „Warum sitzt Du im Rollstuhl?" oder „Kannst Du nicht laufen?" oder anderes, schon vielfach Gehörtes.

Zu der Dame gewandt meinte er dann aber in einem Brustton der Überzeugung „Der Rollstuhl von meinem Papa ist aber viel schöner!"

Glücklicherweise nahm die Dame es mit Humor, denn sie lachte schallend und fragte ihn dann aus, wie denn der Rollstuhl vom Papa aussähe und was sie an ihrem verbessern müsste, damit er auch so toll wird.

Ich denke, er hat einen bleibenden Eindruck bei ihr hinterlassen.

Korinna Westphal

Solche und solche Tage

Es gibt Tage, da überrollt mich alles. Tage, an denen ich mich frage, wie ich alles hinbekommen soll. Meistens stelle ich mir die Frage dann schon beim Aufstehen. Der Weg ins Bad zieht sich wie Kaugummi und die Treppe in den ersten Stock will nicht enden. Die Beine sind wie Blei und alles ist noch schwerer als sonst.

Es sind Tage, an denen ich nur hadere und mich nur bemitleide. Tage, die mir eigentlich das letzte bisschen Kraft nehmen.

Dann gibt es Tage, da klappt alles wesentlich besser. Tage, da ist der Weg ins Bad kurz und die Treppe kürzer als gewöhnlich. Alles ist leichter, auch die Beine sind nicht so schwer wie sonst.

Das sind Tage, an denen ich mir denke: OK, es könnte besser sein. Aber He! es ist OK wie es ist.

Und dann gibt es die besonderen Tage. Tage, die wie ein Licht im Leben sind. Tage, an denen ich Menschen treffe, die mir helfen, meine Träume zu verwirklichen. Menschen, die sagen: Klar geht das, wir helfen dir dabei. Menschen, die auf mich warten, bis ich auf dem Tandem sitze und wir fahren können. Menschen, die mir an der Kletterwand helfen, damit ich besser rauf kann, ohne hinterher ausgepumpt zu sein. Menschen, die mir über den Strand und ins Boot helfen, damit ich tauchen kann. Oder kurz gesagt: Menschen, die an mich und meine Träume und Wünsche glauben, egal wie verrückt sie im ersten Moment auf andere wirken.

Es sind genau diese Tage und diese Menschen, die dafür sorgen, dass ich die schlechten Tage überstehe, denn ich weiß, so lange man die richtigen Menschen trifft, ist im Leben oft mehr möglich als man im ersten Moment denken würde.

© Korinna Westphal

Roland

Lieber Körper,

eine Krankheit wie FSHD zu haben reicht voll und ganz.
Es ist wirklich nicht nötig, dass auch noch
das Herz stolpert oder die Schilddrüse spinnt.
Bitte verkneife dir auch Erkältungen.
Du weißt doch, wie anstrengend
die Husterei für die Rumpfmuskeln ist
und die Armmuskeln beschweren sich auch,
wenn sie ständig Taschentücher zur Nase bringen müssen.

Erika

Geisterfahrer

Weihnachtsmarkt in Konstanz an einem Samstagnachmittag.

Bevor ich mich in das Marktgetümmel stürze, setze ich mich erstmal auf meinen Rollator und beobachte die langsam dahinschlendernden Weihnachtsmarktbesucher. Direkt vor mir schieben sich die Menschenmassen durch die vollen Gänge zwischen den Marktständen. Fast bekomme ich den Eindruck, dass es nicht darum geht, sich die herrlich dekorierten Auslagen anzuschauen, sondern dass das Hauptaugenmerk darauf gerichtet ist, sich gekonnt durch das Menschengewirr zu bewegen. Bevor ich mir Gedanken darüber mache, ob ich das Gedränge überhaupt heil überstehe, erhebe ich mich und werfe mich ins Getümmel.

Wie auf allen Weihnachtsmärkten haben die meisten Besucher einen Linksdrall (das bitte aber nicht politisch verstehen). Sprich, sie bewegen sich gegen den Uhrzeigersinn entlang den Marktständen. Sobald eine winzige Lücke im Menschengetümmel entsteht, reihe ich mich in die endlose Schlange der Marktbesucher ein. Keine fünf Meter weiter werde ich unsanft von der Seite angestoßen, dann drängelt jemand von hinten und schiebt mich vorwärts und direkt an die Stände komme ich auch nicht heran, weil immer irgendjemand schneller ist und sich seitlich an mir vorbeischiebt.

Nehmen mich die Menschen ringsum überhaupt wahr mit meinem Rollator?

Oder sind alle so mit sich selber beschäftigt, dass sie gar nicht bemerken, dass sich jemand recht mühsam übers Pflaster schleppt?

Ich denke nach: Und was passiert, wenn mich die Menschen wirklich wahrnehmen mitsamt Rollator?

Ich schere aus der sich vorwärtsschiebenden Masse aus,

schwenke den Rollator nach links, marschiere hoch erhobenen Hauptes quer über den schmalen Gang zwischen den Ständen und reihe mich als „Geisterfahrerin“ in die Gegenrichtung ein.

Und – es geschieht ein Wunder. Wie in der Bibel, als bei Moses sich das Rote Meer teilte, teilen sich vor mir die Menschenmassen. Alle, die mir nun entgegenkommen, sehen als erstes den Rollator, dann mein strahlendes Lächeln im Gesicht und sofort weichen alle Kinderwagen in die Straßenmitte aus, kleine Kinder werden an den Anorakkapuzen aus dem Gefahrenbereich meiner Rollator-Räder gerissen, etwas größere Kinder werden von ihren Eltern ermahnt, schnell Platz zu machen und alle Erwachsenen gehen bereitwillig zur Seite, so dass ich problemlos direkt vor den Ständen entlangschlendern kann. Niemand rempelt mich mehr an, keiner drängelt sich vor. Und keiner sagt einen Ton, dass ich in die falsche Richtung gehe. So entspannt konnte ich noch keinen Weihnachtsmarkt genießen.

Das Fazit meiner etwas provozierenden Aktion: Frechheit siegt!? Nein. Ich möchte eine Lanze für unsere Mitmenschen brechen. Wenn man nett auf seine Mitmenschen zugeht, nehmen sie auch gerne Rücksicht auf uns Gehandicapte, auch wenn wir etwas aus dem Rahmen tanzen.

Roland

Die Rolltreppe

Stell' dir vor, du betrittst eine Rolltreppe. Sie fährt nach unten, obwohl du eigentlich nach oben wolltest. Du versuchst umzudrehen und die Rolltreppe zu verlassen. Aber sie gibt dich nicht frei. Unerbittlich bringt sie dich weiter nach unten.

Du bittest deinen Hausarzt, dich von der Rolltreppe zu holen. Ratlos sieht er dich an. Er hat keine Erklärung dafür, warum deine eine Schulter tiefer hängt als die andere. Der Orthopäde auch nicht. Der Neurologe fragt dich, ob du wirklich ganz sicher bist, dass du nie eine Schulterverletzung hattest, bei der ein Nervenstrang verletzt wurde. Und warum du vor Anstrengung Schweißausbrüche bekommst, wenn du eine Glühbirne an der Deckenlampe austauschen willst, kann er nicht beantworten. Ein anderer Neurologe weiß zum Glück, dass es Muskelzentren gibt und überweist dich.

Endlich bekommt die Rolltreppe einen Namen: Facio-scapulohumerale Muskeldystrophie oder kurz FSHD. Du kannst deinen Ärzten keinen Vorwurf machen. Muskelkrankheiten sind so selten, dass es fast mehr Neurologen als Muskelkranke gibt. Die meisten Neurologen bekommen in ihrem Arbeitsleben gar keinen Muskelkranken zu sehen.

Die spezialisierten Ärzte erklären dir, dass du einen geerbten Gendefekt hast. Die Wahrscheinlichkeit, dass du sie auch an deine Kinder weitergibst, ist 50%. Deine Muskulatur wird sich immer weiter zurückbilden. Es wird nicht bei der Schulter- und Armmuskulatur bleiben. Du musst dich darauf gefasst machen, dass auch Bein- und Rumpfmuskeln betroffen sein werden. Wahrscheinlich auch die Muskeln im Gesicht. Der Herzmuskel aber nicht. Oder vielleicht doch?

Du kannst die Rolltreppe immer noch nicht verlassen. Du wirst sie nie verlassen können. Im Gegenteil, sie wird immer schneller und schneller. Jetzt machen so langsam auch die Muskeln deiner Oberschenkel schlapp. Ist dir schon aufgefallen, dass du öfters ins Hohlkreuz fällst?

Bei einer Reha erfährst du, dass es eine Selbsthilfeorganisation namens DGM gibt – Deutsche Gesellschaft für Muskelkranke. Gemeinsames Taschentuchvollrotzen im Stuhlkreis? Nee, das ist nichts für dich. Aber Mitglied werden und die Mitgliederzeitschrift lesen kann ja nicht schaden. Vielleicht stehen ja ein paar Tipps drin.

Du erfährst, dass du immer treppauf gehen musst, wenn du nicht von dieser Rolltreppe ganz nach unten gebracht werden willst. Wenn du deine Muskulatur nicht benutzt, baut sie sich umso schneller ab. Also Zähne zusammenbeißen (wenigstens das klappt noch gut) und Muskeln trainieren. Schließlich braucht man Kraft zum Treppensteigen.

Du versuchst, die Rolltreppe hoch zu rennen und zwei Stufen auf einmal zu nehmen. Es muss doch möglich sein, von dieser blöden Rolltreppe wieder herunter zu kommen.

Nein, ist es nicht. Das Fiese an der FSHD-Rolltreppe ist nämlich, dass du es beim Treppensteigen nicht übertreiben darfst. Jede Überanstrengung, jeder Muskelkater lässt dich stolpern und führt dazu, dass du die Rolltreppe ein paar Stufen hinunter fällst. Und bis du dich vom Sturz erholt hast, hat dich die Rolltreppe nochmal ein Stück weiter nach unten gebracht. Also immer schön langsam eine Stufe nach der anderen nehmen, auch wenn die Rolltreppe schneller nach unten fährt als du nach oben steigen kannst. Sie ist eh schneller als du. Es macht keinen Sinn, sie überholen zu wollen. Du kannst nur maßvoll deine Muskulatur fordern und damit fördern. Du kannst nur maßvoll Ausdauertraining, Muckibude, Physiotherapie, Ergotherapie usw. machen. Aber was bitte schön ist „maßvoll“? Wieder eine Frage, die dir niemand so richtig beantworten kann.

Die FSHD-Rolltreppe hat aber noch andere Gemeinheiten auf Lager. Du hast dich daran gewöhnt, dass du trotz pausenlosem

Treppensteigen (sprich Therapien und Training) mit der Rolltreppe langsam aber sicher immer weiter nach unten kommst. Wenn du aber die Rolltreppe hochschaust, kannst du alles sehen, was du früher tun konntest und jetzt für dich unerreichbar ist. Radtouren, Gartenarbeit, zu Fuß auf den Eiffelturm...? Du hattest deine Frau damals beim Square Dance kennengelernt und mit ihr ganze Wochenenden durchgetanzt. Und jetzt? Schöne und manchmal auch schmerzhafte Erinnerungen an Unternehmungen, die die Rolltreppe immer weiter in die Vergangenheit transportiert.

Aber bloß nicht die Rolltreppe runter schauen. Die geht so weit nach unten, dass dir schwindlig wird. In einiger Entfernung siehst du einen Gehstock, ein Stück weiter einen Rollator. Noch weiter unten ist ganz klein etwas, das ein Rollstuhl sein könnte. Und ist das ganz weit unten ein Pflegebett?

Zum Glück merkst du nach und nach, dass du nicht alleine auf der FSHD-Rolltreppe bist. Es sind zwar wenige, aber wenn du dich umschaust, findest du sie. Eine Selbsthilfegruppe ist doch gar nicht so schlecht. Die erfahrenen FSHDler zeigen dir, dass man sogar noch als Rollstuhlfahrer dieser blöden Rolltreppe die Zunge herausstrecken kannst. Wer hätte das gedacht!

Es gibt nicht nur die Vergangenheit mit all dem, was jetzt unerreichbar ist. Es gibt nicht nur die Zukunft mit ihrer großen Ungewissheit. Es gibt auch noch eine Gegenwart, die gelebt werden will und die gelebt werden kann. Das Leben besteht nicht nur aus FSHD. Es hat auch viel Schönes zu bieten. Lass dich bloß nicht von der Rolltreppe verrückt machen! Es gibt viel mehr, was du noch tun kannst als was du nicht mehr tun kannst.

Auf die Einstellung kommt es an. Du kannst auch mit dem E-Bike Ausflüge machen. Ein Garten mit ein paar Unkräutern ist doch auch schön. Und wer sagt, dass es keinen Spaß macht, mit dem Aufzug auf den Eiffelturm zu fahren? OK, Square Dance geht definitiv nicht mehr. Aber deine Frau hält immer noch ganz fest deine Hand und geht neben der Rolltreppe mit dir mit.

Thomas

Leben mit FSHD bedeutet für mich...

Wenn auch stetig die Kraft in den Beinen schwächer wird, trotzdem jeden Tag einen Schritt voranzukommen.

Wenn die Kraft in den Armen sich auch kontinuierlich abbaut, reicht sie trotzdem, um sich selbst auf den Arm zu nehmen. Oder andere.

Wenn sich auch die Mimik im Gesicht langsam verabschiedet, trotzdem täglich zu lachen.

Der Mensch ist nämlich viel mehr als seine Muskeln und erst recht viel mehr als seine Muskeldystrophie.

© Soso

Korinna Westphal

Das Klettern und ich!

Als ich damals meine Diagnose bekam, erklärte mir mein Arzt, ich solle Sport treiben, am besten Ausdauersport, und schlug Nordic Walking oder ähnliches vor. Ha! Nordic Walking, das hatte ich einmal probiert und bin ständig über die blöden Stecken gefallen! Also habe ich mir das besser erspart.

Ich hatte aber immer die Worte mit dem Sport im Hinterkopf und habe mir alles Mögliche überlegt, was ich machen könnte und was in das Schema passt. Ich hatte viele Ideen, aber nichts hat mich begeistert. Bis ich im Fernsehen einen Bericht über eine Frau, die im Rollstuhl sitzt und klettert, gesehen habe. Da war ich wie elektrisiert und dachte, das kann ich auch!

© Korinna Westphal

Ich habe mich dann auf die Suche begeben und erst einmal eine Test-Einzelstunde gemacht – was soll ich sagen, das „Kletterfieber" hat mich von der ersten Minute an gepackt. Auch wenn ich am Anfang gegen viel Skepsis kämpfte und verwunderte Blicke bekam. Sätze wie „Mach doch einfach Gymnastik, was willst Du in Deinem Alter noch mit dem Klettern?" hörte ich öfter als einmal.

Trotz Stock gehe ich sogar die Wände hoch und manchmal, wenn ich die verwunderten Blicke sehe, wenn ich daran denke, was ich in dieser Richtung erreicht habe, wird mir klar: Ja, ich habe ein Handicap, mit dem ich leben muss. Aber mein Leben besteht nicht nur aus dem Handicap. Es besteht aus tollen Menschen, die mich bei meinen Zielen unterstützen.

Silke

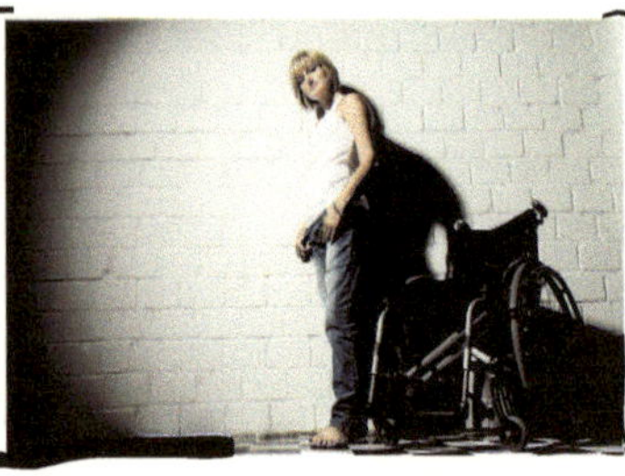

Lebensweg

Andreas Holder-Egger

Gedanken erschaffen Realität

Als ich im Alter von 15 Jahren von der Erkrankung erfuhr, war ich weder geschockt noch entsetzt. Natürlich konnte ich damals nicht überschauen, welche Auswirkungen es haben kann. Obwohl, ich hätte es schon ahnen können, weil meine vier Jahre ältere Schwester ebenfalls betroffen war. Aber das schloss ich für mich irgendwie aus. Jugendliche Unbekümmertheit!

Leider war die Forschung bezüglich Muskelerkrankungen in den Siebzigern noch in den Kinderschuhen. Man hatte meiner Schwester aus dem Oberschenkel ein großes Stück „kranken" Muskels entfernt in der Hoffnung, es damit eindämmen zu können. Fatal, aus heutiger Sicht. So verlor sie auf einen Schlag ein großes Stück Bewegungsmöglichkeit.

In meinem Fall war das glücklicherweise nicht angedacht. Ich nahm am Sportunterricht teil, trieb auch nebenher Sport, die „Krankheit" beeinflusste mich nur am Rande. Gut, ich konnte meine Arme nicht so weit hochheben und auch die Schulterblätter sahen merkwürdig aus. Aber das interessierte mich nur wenig, ich war stärker als das. Das war für mich Realität und ich lebte ganz gut damit.

Man mag mir vorwerfen, ich sei ein hoffnungsloser Optimist und trage eine rosarote Brille. Ich kann das nicht leugnen, wobei meine Brille sicher nicht rosarot ist. Sondern sie filtert Dinge heraus, die ich sehen möchte, die mich voran bringen.

Gestoppt wurde ich jäh durch einen Unfall zwei Wochen nach meinem Schulabschluss. Wer ist schon so doof und springt kopfüber in einen Badeweiher direkt auf einen Stein? Ich! Diagnose Genickbruch. Großer Bahnhof, ich durfte das erste Mal mit einem Hubschrauber fliegen und landete in einer Spezialklinik.

Ich war ziemlich sauer, weil ich wohl das für den Sommer geplante AC/DC Konzert verpassen würde. Mist!

Der behandelnde Arzt meinte ziemlich trocken, dass ich wohl ab jetzt vom Hals abwärts gelähmt bleiben werde. Ich konnte mich nicht mehr bewegen und die Diagnose war eindeutig. Aber nicht für mich. Ich hörte dem Arzt zwar zu, dachte mir aber dabei, der hat überhaupt keine Ahnung von mir, er weiß ja nicht, was ich kann. Klingt ziemlich überheblich und hat was von Verdrängung. Trotzdem war ich mir sicher, dass sich alle irren. Ich war nicht verzweifelt, sondern lebte in meiner Welt und war trotz allem immer gut drauf. Das brachte mir den Spitznamen „Sonnyboy" ein.

AC/DC kamen nicht im Sommer, sondern erst im November in die Stadt. Ich war gerettet, vorerst! So lag ich im Bett, den Kopf fixiert, kerzengerade. An der Decke hatte ich einen Punkt ausgemacht, den ich anstarren konnte. 13 Wochen lang. Es war immer sehr beruhigend und versetzte mich in eine Art Trance. Noch heute, 30 Jahre später, kann ich diesen Punkt sehen.

Nach ca. drei Wochen konnte ich plötzlich wieder etwas an einem Zeh fühlen! Alle waren in heller Aufregung. Innerhalb von weiteren drei Wochen kehrte das Gefühl in meinem ganzen Körper zurück. Für alle anderen war es wie ein Wunder, für mich nicht. Es war doch klar, oder?

Solche Fälle kommen vielleicht einmal pro Jahr vor! Das Genick war zwar komplett durchgebrochen, aber die Nerven waren anscheinend nicht durchtrennt, sondern nur abgeklemmt und haben sich dann wieder erholt. Wusste ich das vorher, hat es meine Einstellung geändert oder war es einfach nur unverschämtes Glück?

Meine Muskeln hatten sich nach 13 Wochen im Bett rapide abgebaut, auch einem Nicht-Betroffenen würde das ganz schön zusetzen. Ich musste wieder laufen lernen und Bewegungsabläufe trainieren, was noch einmal 6 Wochen andauerte. Aber es war alles nicht mehr wie vorher. Schnelles Laufen und Rennen konnte ich nicht mehr und ich wurde viel schneller müde.

Was nun? Ich war mit der Schule fertig und musste ja irgendetwas anstellen mit meinem Leben. Ich bekam die Möglichkeit, Informatik zu studieren – damals ein noch nicht alltägliches Fach - und absolvierte mit großer Begeisterung einige Semester. Obwohl ich eigentlich mehr ein emotionaler Mensch bin und mich meist auf mein Bauchgefühl verlasse, erschien mir die streng logische Welt der Computertechnik als ein Weg, mich zu verwirklichen. Es ging mir einfach von der Hand und ein gelöstes Problem oder fertig gestelltes Programm gaben mir die notwendige Befriedigung zum Leben.

Eigentlich wollte ich fertig studieren, dann kam aber ein Job dazwischen. Nach kurzer Zeit brach ich das Studium ab, um meine Zeit nur noch in diesen Beruf zu investieren. Es sei niemandem geraten, so etwas zu tun. Ich war mir nur sicher, dass es für mich gut war.

Ich lernte eine Frau kennen und lieben und bald waren wir jung verheiratet. Sie hat mich genommen, trotz dieser Krankheit und dem Wissen, dass es unheilbar ist und immer schlimmer wird. Ich hatte einige Beziehungen vorher, mal kurz, mal länger. Aber als sie in mein Leben trat, wusste ich einfach, dass sie meine Frau wird.

Mein Beruf erfüllte mein Leben und bald machte ich mich sogar selbständig. Doch alles ging zu Lasten der Gesundheit. Das Laufen fiel immer schwerer, meine Frau nahm mir mehr und mehr körperliche Arbeiten ab. Dennoch unternahmen wir viel: Urlaube, Vorträge, Freunde etc. Einer der Höhepunkte war sicher ein Aufenthalt in Südafrika, bei dem ich wankend und oft stürzend durchs Karoo wandelte, einer Halbwüste im Norden des Landes.

Kinderwunsch hat jeder irgendwann, wir auch. Also sind

wir zur Genetikberatung gegangen, weil es ja eine vererbliche Krankheit ist. Nach einigen Untersuchungen, Gesprächen und Beratungen kam dann heraus, dass das Risiko bei 50% liegt, dass ein Kind von uns ebenfalls davon betroffen wäre. Naja, ich will ja nicht unken, aber dafür hätte ich keine Untersuchungen benötigt. Wir bekamen dann auch keine Kinder, trotz Ignorieren sämtlicher Verhütungsmethoden, obwohl wir dazu eigentlich beide in der Lage gewesen wären. Seltsam, aber so war es.

Lange Jahre plätscherte es dahin, bis sich auf einmal innerhalb von zwei Jahren alles veränderte. Hausbau, Jobwechsel, Scheidung und etwas, wogegen ich mich lange Jahre gesträubt habe: ein Rollstuhl. Das Laufen fällt irgendwann schwer, weil die Stabilität der Hüfte und Wirbelsäule nicht mehr gegeben ist, nicht nur, weil die Beine nicht mehr können. Man gerät immer mehr in ein Hohlkreuz, der Fußheber funktioniert nicht mehr wie er soll, man stolpert und stürzt oft und entwickelt eine Phobie gegen Treppen ohne Geländer und Glatteis. Kurz gesagt, man geht immer seltener raus, vermeidet lange Wege und kapselt sich immer mehr ab.

Ich wollte etwas dagegen tun, knüpfte Kontakt mit dem Friedrich-Baur Institut in München und bald darauf war zumindest molekulargenetisch gesichert, was mich seit Jahren begleitete. Jetzt waren Rezepte für Krankengymnastik und erste Hilfsmittel kein Problem mehr.

Der Rollstuhl war für mich immer ein no-go. Doch nach eingehender Betrachtung meiner Situation eröffnete er mir viele neue Perspektiven. Und ich blühte wieder auf. Trotz des Alleinseins, meine Frau und ich hatten uns „im Guten“ getrennt, konnte ich meinen Alltag prima bewältigen. Die Entscheidung für den Rollstuhl war richtig, auch wenn damit einhergeht, dass man die noch vorhandenen Muskeln noch weniger beansprucht.

Aber, hey, was ist denn wichtig im Leben? Man muss es nehmen, wie es kommt. Und wenn es nötig ist, einen Rollstuhl zu nehmen, dann sollte man das auch tun. Allem Stolz und Überwindungsängsten zum Trotz. Flexibel bleiben!

In meiner neuen Arbeitsstelle konnte ich einfach so von Büro zu Büro dank der neuen Mobilität. Es war das zweite Mal in meinem Leben, dass ich mich bewarb und hatte wieder Erfolg. Es passte einfach, so wie beim ersten Mal. Diese Stelle habe ich heute noch, 17 Jahre danach.

© Andreas Holder-Egger

Wir leben in der behindertenfreundlichsten Welt, die es je gab. Gewagte These bei so vielen Schwierigkeiten, die uns täglich im Alltag begegnen. Aber bei näherer Betrachtung ist es wahr. Früher wurden Menschen mit seltsamen Behinderungen einfach zu Hause gelassen, als absonderlich belächelt, in einigen Fällen zur Schau gestellt oder Schlimmeres. Heute werden wir gehört, können uns zusammenschließen, beantragen, kämpfen und vor allem, am Leben teilhaben. Wenn wir nur wollen!

Ich wollte! Übers Internet lernte ich meine zweite Frau kennen. Mit fünf Kindern zog sie bei mir ein. Einer der Sprösslinge bedurfte besonderer Aufmerksamkeit und so kam es, dass ich im Rahmen einer Reha für den Kleinen ebenfalls zum ersten Mal in meinem Leben auf Reha gehen konnte und vor allem wollte. Und so kamen wir ins schöne Bad Sooden-Allendorf.

Im Laufe der Jahre ergänzten wir uns immer mehr. Mir wurde aber auch immer mehr abgenommen, vornehmlich körperliche Aktivitäten. Der Teufel steckt in vielen kleinen Dingen, schleichend, man merkt es nicht und auf einmal geht etwas nicht mehr. Nicht so schlimm, es gibt Hilfsmittel. Und noch eins. Und bald hat man ein Sammelsurium an Geräten, Tricks und Technik. Solange es funktioniert, ist es gut.

Irgendwann kommt zwangsläufig der Punkt, an dem es nicht mehr geht und es keine einfache Lösung mehr dafür gibt.

Größtes Anliegen war für mich die Selbständigkeit mit meinem Auto. Natürlich ist es toll, wenn am Ankunftsort jemand ist, der mir den Rollstuhl aus dem Kofferraum hebt und passend bereitstellt. Aber einfach mal so zum Einkaufen, Termine wahrnehmen oder ins Grüne fahren geht eben nicht ohne Begleitung. Also begab ich mich in den Dschungel eines Antrages auf „Teilhabe am Arbeitsleben“. So nennt man es, wenn man Zuschüsse für den Umbau eines Fahrzeugs haben will.

Nach knapp zwei Jahren, unzähligen Attesten, Vorsprechungen, Behördengängen und TÜV-Terminen inkl. einer kompletten Fahrprüfung konnte ich meinen Multivan mit Hebebühne für den Rollstuhl endlich in Betrieb nehmen. Es war ein unglaublich gutes Gefühl, nach über zehn Jahren wieder ohne fremde Hilfe überall hinfahren zu können. Es gab mir einen enormen Schub an Zuversicht und Mut, meinen Weg weiter zu gehen.

Ein Jahr später erfolgte die Trennung von meiner Frau. Ich war also erneut auf mich gestellt und hatte auch etwas Angst davor, mein Leben wieder selbst zu gestalten. Doch es ging überraschend gut, schnell begann ich, meine Freiheit zu genießen und auch ein gewisser Stolz schwang mit, weil ich es alleine meistern konnte.

Dann passierte etwas, worüber es mir schwer fällt zu erzählen. Beim Übersetzen vom Rollstuhl ins Bett bin ich gefallen und lag 12 Stunden in einer Zwangshaltung am Boden. Mein rechter Unterschenkel wurde abgeklemmt und ist seitdem ohne Gefühl. Das nennt man Kompartmentsyndrom.

Viel schlimmer war jedoch der Kraftverlust, den ich durch die Anstrengung, mich zu befreien und durch den mehrwöchigen Aufenthalt im Krankenhaus erlitten habe. Er führte dazu, dass ich zum Pflegefall geworden bin und Hilfe bei alltäglichen Dingen wie An- und Ausziehen, Körperpflege und Toilette benötige.

In wenigen Monaten habe ich fast alles verloren, was mir wichtig war. Besonders der Verlust meiner Selbstständigkeit macht mir sehr zu schaffen. Auf andere angewiesen zu sein, ist mir ein Greuel. Hier habe ich dringenden Lern-Nachholbedarf.

Aber aufgeben? Nein! Ich kämpfe weiter für meine Selbstbestimmung und glaube daran, dass ich mich verbessern kann. Auch wenn ich des Öfteren den Mut verloren habe und mich aufgeben wollte. Es kam immer wieder ein Licht, welches mich aus der Dunkelheit gezogen hat. Klingt pathetisch, aber genauso ist es.

Ein kleines Stückchen Freiheit habe ich zurückerhalten! Nach sechs Monaten konnte ich meinen rechten Fuß wieder soweit bewegen, dass ich das Gaspedal meines Autos zuverlässig bedienen konnte. Inzwischen fahre ich jede Woche einmal zur Arbeit, auch längere Fahrten sind wieder möglich. Sofern am Zielort jemand ist, der mir aus dem Auto hilft. Aber das bekomme ich auch wieder hin. Nie aufgeben und immer positiv denken, das ist meine Devise.

Denn Gedanken erschaffen nun mal die Realität. In meiner Welt!

Angelika Schnappauf

Der Schläfer in mir

© Angelika Schnappauf

Mein Name ist Angelika. Ich bin 57 Jahre alt und hatte von Geburt an FSHD. Allerdings wusste das damals noch niemand. Außer dass ich nie Seifenblasen machen konnte oder pfeifen und auch nicht auf den Fersen gehen konnte, hatte ich keinerlei motorische Probleme. So machte sich niemand Gedanken darüber und es wusste auch niemand, welche Krankheit in mir schlummerte.

Am 13. Oktober 1982 bekam ich eine Narkose und als ich wieder aufwachte, erklärten mir die Ärzte, dass ich eine neuromuskuläre Erkrankung, nämlich FSHD, hätte, eine Form von Muskeldystrophie. Dies sei eine Erbkrankheit, die dominant vererbt werde. Bei mir seien vor allem die oberen Extremitäten betroffen, sowie Gesicht und Schultern. Es gäbe keine Medikamente. Diese Erkrankung könne nur durch Gymnastik positiv beeinflusst werden und sei ansonsten fortschreitend.

Gesund war ich durch die Narkose eingeschlafen und krank wieder aufgewacht. Der „Schläfer" war geweckt worden und die Uhr tickte nun ganz anders. Dabei hatte ich geheiratet, ein Haus gebaut und so viele Pläne gehabt.

Mit nur 24 Jahren konnte ich stattdessen einfache alltägliche Dinge nicht mehr ohne Einschränkungen verrichten: Tee trinken zum Beispiel. Ich musste die Tasse mit beiden Händen hochheben. Haare kämmen, Pullover an- und ausziehen.... Kurz gesagt: Alles was über den Kopf ging – no go! Die Arme konnte ich nur noch bis auf Augenhöhe heben, konnte also meine Küchenschränke nicht mehr öffnen. Nur noch ein Gesamtgewicht von 200 Gramm hob ich hoch, aber in gewissen Positionen nicht einmal das.

Ich versuchte, meine Probleme so gut es ging zu vertuschen, aber in der Realität musste ich viele Dinge verändern, umstellen oder ganz aufgeben. Aber das war alles andere als einfach. Nun sollte ich bald zunehmend auf Hilfe angewiesen sein: Ich, die „Do-it-yourself-Angelika! Horror! Ich fühlte mich elend. Versteckte mich und sprach nur mit meinem Mann über die Zukunft. Über Ängste redete ich gar nicht, obwohl sie mir den Schlaf raubten. Tagsüber spielte ich die Starke, aber in der Nacht gewann die Verzweiflung.

Nach und nach stellte ich mein Leben um und passte es immer den aktuellen Erfordernissen an. Ich wechselte meine Arbeit, ging vom Zahnarzt zur Krankenkasse. Ich kaufte mir ein Auto mit Automatikschaltung und suchte ständig nach Erleichterungen im Alltag.

Gleichzeitig trieb mich die Hoffnung an, alles auszuprobieren, was nur ansatzweise helfen könnte. Ich reiste von Klinik zu Klinik, nahm an Studien teil, engagierte mich in der Deutschen Gesellschaft für Muskelkranke und wurde Kontaktperson. In Bayreuth gründete ich eine Kontaktgruppe für Muskelkranke und deren Angehörige und war neun Jahre lang im Vorstand des DGM Landesverbandes Bayern e.V. tätig. 2014 rief ich zur Gründung der „Diagnosegruppe FSHD“ auf.

Auf diesem Weg traf ich viele engagierte Menschen, Betroffene, Angehörige, Unterstützer. Ich lernte FSHD-Mitstreiter kennen, die nicht nur super Ideen erarbeiteten, sondern auch verwirklichten. Die Arbeit als Kontaktperson forderte mich und das war und ist gut so. Ich bin trotz fortschreitender Erkrankung emotional stabiler und selbstbewusster geworden. Ich bekämpfe die Krankheit nicht, sondern erkenne sie als einen Teil von mir an. Durch unzählige Gespräche mit Betroffenen erlernte auch ich einen positiven Umgang mit FSHD. Aus Angst wurde Mut und daraus neuer Lebensmut!

Bei allem, was ich tat, war die heimliche Hoffnung auf Stillstand oder gar Heilung meine ständige Begleiterin, die ich bis heute nicht aus dem Visier verloren habe.

Dabei schreitet der Verlust der Muskulatur langsam voran. Es gibt weitere Einschränkungen im Alltag, mal kleiner, mal größer. Im Moment beschäftigt mich das Treppensteigen, denn egal ob hoch oder runter - es ist sehr schwierig geworden. Ich traue mich nicht mehr, allein die Straße zu überqueren und bin daher auf ständige Hilfe angewiesen. Es wird nicht besser, das weiß ich jetzt nur zu gut.

Trotzdem tue ich alles, was ich noch leisten kann mit voller Hingabe und Leidenschaft! Es macht keinen Sinn, der Vergangenheit nachzutrauern und dabei die Gegenwart zu verpassen. Die Krankheit war meine Herausforderung und ich nahm sie an. Ich lernte, mein Leben mit dem ständigen Auf und Ab zu ordnen und flexibel zu gestalten. Wann immer ich hinfiel (im wahrsten Sinne des Wortes), stand ich auch wieder auf. Und glaubt mir, dass ich oft geschimpft habe, da ich sehr viel Temperament besitze und einen Hang zur Perfektion. Beides lässt sich mit schwindenden Muskeln schwer vereinbaren und es war manchmal auch ein Kampf. Ich bin ganz ehrlich.

Aber nun mit 57 Jahren gehe ich achtsam mit mir und mit jedem Tag um. Ich bin dankbar für jeden Menschen darin, jede Stunde und jeden Augenblick, denn jeder Tag ist ein kleines Leben. Viele dieser Tage formen mein persönliches Leben, das nach wie vor lebenswert ist und schön! Anstatt sich hinter einer Krankheit zu verstecken, empfehle ich jedem, sich den Herausforderungen des Lebens zu stellen, neue Ideen und Strategien zu entwickeln, Hilfe anzunehmen und die Chancen zu erkennen, die in jeder Krise stecken. Dies führt zu einem facettenreichen Leben und ist Abwechslung und Abenteuer zugleich.

Ich definiere mich nicht durch FSHD, aber FSHD muss sich jeden Tag neu durch mich definieren und ich hoffe, dass dies noch lange so bleibt.

Mit einem Gedicht/Zitat von Ruth Roman möchte ich euch alles erdenklich Gute für die Zukunft wünschen:

„Wir können nicht das Leid aus der Welt schaffen. Aber was wir tun können; ist dies: einander die Tränen trocknen.“

Roland

Muskelkranke sind dazu verdammt,
Optimisten zu sein.
Wenn sie nicht durchdrehen wollen,
müssen sie ihre Gedanken darauf konzentrieren,
was sie noch können.
Jammern hilft nur beim Ausfüllen von Anträgen.
Reha, Schwerbehindertenausweis,
Hilfsmittel, Pflegestufe usw.
sind sonst kaum zu bekommen.

Barbara

Muskelschwund ist leise

Du willst wissen wie sich Muskelschwund anfühlt?

Ob ALS, SMA, FSHD oder HMSN, die beste Abkürzung taugt nichts, denn am Ende steht überall das Gleiche: Muskelschwund. Du bist gefangen im eigenen Körper. Das Einzige, bei dem du von Geburt an dachtest, dass du sicher bist. Denn du bist damit groß geworden, dass wenn du deiner Hand sagst „beweg dich“, sie sich bewegt und wenn du deinen Beinen sagst „lauft“, dass sie laufen. Und deinen Lungen musst du erst gar nicht sagen, dass sie ein- und ausatmen sollen, denn das machen sie ganz von alleine. Dinge, die du einmal gelernt hast, verlernst du nie wieder, wie Fahrrad fahren oder Schwimmen oder auf einem Bein stehen.

Muskelschwund ist leise. Keine laute Krebserkrankung, wo alle Zellen hier schreien und heftige Chemotherapeutika zum Kriegsangriff appliziert werden. Er ist heimlich, still und leise und doch gnadenlos voranschreitend. Oft merkst du selber nicht, wie schnell es schon gegangen ist. Du gehst eine Treppe runter und auf der drittletzten Stufe sacken dir plötzlich die Beine weg, weil sie sich entschieden haben, ab jetzt ist dein eigenes Körpergewicht für sie nicht mehr tragbar. Und wenn du dann fällst, dann fällst du wie in Zeitlupe, denn solange deine Reflexe noch funktionieren, wird jede Menge Adrenalin ausgeschüttet und deine Nerven feuern zu deinen Muskeln, sie sollen sich doch bitte mal bewegen. Von denen kommt aber keine Antwort, weshalb du noch mehr Adrenalin ausschüttest und Panik bekommst, wie beim Ertrinken. Wenn du dann auf dem Boden liegst, zittern deine Muskeln am ganzen Körper, weil sie das überschüssige Adrenalin nicht verkraften und sich nicht mehr beruhigen. Das kann 20 Minuten dauern, das kann aber auch einen ganzen Tag lang dauern, der für dich dann erstmal im Bett endet.

Aber es gibt Schlimmeres als zu fallen, z.B. die Erkenntnis, dass man nie wieder aufstehen kann und die Angst davor, in eine Situation zu geraten, in der man am Boden liegt und keiner da ist, der einem helfen kann. Angst ist ab sofort dein ständiger Begleiter und du musst eine Strategie finden, sie im Zaum zu halten, um nicht jeden Tag verrückt zu werden aus Angst vor den Schmerzen oder Angst vor dem nächsten Winter, der dir einen neuen Schub garantiert und du nicht weißt, ob du zu Frühlingsbeginn noch fähig bist, aus dem Bett aufzustehen.

Bei Muskelschwund schwinden dir, wie der Name schon sagt, allmählich alle deine Muskeln, die du willkürlich steuern kannst. Je nach Erkrankung betrifft es zunächst unterschiedliche Muskelgruppen. Bei mir begann es mit einer Gesichtslähmung auf der linken Seite und auch mit einer Lähmung des kompletten Schultergürtels, weshalb ich schon ziemlich früh meine Arme nicht mehr heben konnte. Es ist abenteuerlich, ohne die Arme zu heben sich die Haare zu waschen oder eine Bettdecke zu beziehen, aber man entwickelt erstaunliche Methoden, um das alles doch auf eine andere Art und Weise zu schaffen und entwickelt eine ebenso erstaunliche Intelligenz für den praktischen Alltag. Selbstständigkeit ist einer der Punkte, die ganz oben auf deiner Prioritätenliste zu stehen kommen und natürlich wächst auch der eigene Stolz, wenn man etwas schafft, was einem ein gesunder Mensch schon lange nicht mehr zugetraut hätte.

Man entwickelt ein natürliches Gespür für Gefühlsregungen bei anderen Menschen und mir hat noch nie ein Patient im Rollstuhl gesagt: „Frau Doktor, Sie können das ja gar nicht nachvollziehen.“

Wie es weitergehen wird, kann dir keiner sagen. Als ich die Diagnose mit 21 erfahren habe, sagten die Ärzte, dass ich nie im Rollstuhl sitzen muss, weil diese Form von Muskelschwund nicht ganz so aggressiv sei. Und meine Lebenserwartung ist nur ein bisschen herabgesetzt.

Jetzt bin ich 31 und sitze seit 3 Jahren im Rollstuhl. Ich habe also aufgehört, Ärzte zu fragen, wie das ausgehen wird, da Muskelschwund so viele Gesichter hat und bei jedem unterschiedlich verläuft, dass dir nie jemand sagen kann, wie die Prognose ist.

Ich glaube nicht, dass Krankheiten Sinn ergeben, dass sie eine Challenge sind, die, wenn man sie besteht, einem den Hauptpreis garantiert. Man ist nicht automatisch im Paradies, wenn man eine Krankheit hier aushält und genau so wenig wird man wieder gesund, wenn man sich nur gut genug anstellt. An dieser Krankheit ist niemand schuld und niemand wird sie dir abnehmen, aber auch wenn die Forschung mir nicht mehr helfen kann, wird sie doch hoffentlich meinen Kindern und Enkeln eines Tages helfen können.

Wenn ich jetzt versuche, etwas Positives darin zu sehen, dann das, dass ich mit offeneren Augen durchs Leben gehe. Ich habe aufgehört, meinen Urlaub ein Jahr voraus zu planen, weil ich nicht weiß, ob ich dann noch laufen kann, dafür verreise ich jetzt an Orte, die ich mir früher nicht geleistet hätte. Ich habe aufgehört, eine Hochzeit, Familie, Kinder, Haus und Hund zu planen, weil ich nicht weiß, ob ich das erleben werde. Aber ich genieße Mamas Spaghetti Bolognese und das Gefühl, wenn man mit der Hand durch ein Gerstenfeld streicht, meinen dolce gusto Cappuccino, den ersten Sonnenstrahl im Gesicht im Winter und mein warmes Bett, wo ich mich in meine Heizdecke einkuscheln kann.

Ich glaube nicht, dass ich das Leben so intensiv genießen würde, wenn ich ganztags arbeitend mir Gedanken über die Steuer, den Besuch bei den Schwiegereltern, die Überstundenabrechnung oder die rote Ampel auf dem Weg zur Arbeit machen würde. Ich freue mich, wenn ich morgens aus dem Bett aufstehe und sehe, ich kann noch stehen. Ich habe einen Job und kann noch arbeiten, ich habe eine tolle Wohnung und kann alleine leben, ich habe ein Klavier und kann es noch spielen. Meine Freunde sind mit mir befreundet, weil sie mich mögen und nicht, weil ich gut aussehe oder „in" bin. Meine Familie ist für mich da, auch in schlechten Zeiten. Alles Schätze, die eine Menge wert sind und denen ich wahrscheinlich nicht so viel Wert beimessen würde, wenn ich gesund wäre.

Silke Kuwatsch

Geh soweit du träumen kannst

Als wir zehn waren, träumte Annett davon, Olympiasiegerin im Geräteturnen zu werden, und Bettina wollte auf großen Opernbühnen singen. Ich träumte davon, auf einer schwarzen Java durchzustarten. Oder auf einer roten MZ wie mein Onkel.

Als wir zwanzig waren, hingen unsere Träume an irgendwelchen Alltagsnägeln. Annett und Bettina lehrten Sport und Musik und ich hockte hinter meinem Freund auf dem Sozius, wohl wissend, diesen Feuerstuhl niemals selbst lenken zu können. Meine Muskeln waren zu schwach geworden. Dass ich die Füße nur mühsam auf den Rasten halten konnte, ahnte niemand. Doch bei jeder Bodenwelle wollten sie abheben. Da war es gut, dass meine Arme sich fest um einen Bauch klammern konnten.

Als ich zweiundzwanzig war, half dies meinen Beinen nicht mehr. Ich las dicke Wälzer, wenn Uwe Motorrad fuhr. Oder machte in meinem Trabant die Straßen unsicher. Später im Micra, Hyundai, Scénic, Espace. Die Sehnsucht, auf einer dieser schnellen Kisten zu hocken, die Uwe sein Eigen nannte, blieb. Einfach noch einmal drauf sitzen...

Als ich neununddreißig war, hievten mich zwei Leute auf die kleine Rote. Für ein Fotoshooting, das von Träumen erzählte. Meine Arme wollten durchbrechen, meine Beine auseinanderklappen, Adrenalin schoß durch meinen Körper. Keiner bemerkte die Sorge, von der Sitzbank zu kippen. Aber alle sahen, dass ich vor Glück strahlte.

Als die FSHD sich in mein Leben mischte, begriff ich, dass ich immer so weit gehen kann wie meine Träume reichen. Selbst wenn das Gehen nicht mehr gut geht.

© Andy Aftermann

Sandy

FSHD für mich

Bevor ich angefangen habe zu schreiben, habe ich mir überlegt, was die Leser dieses Buches gern lesen würden. Vielleicht liest dies jemand, der grade mit FSHD diagnostiziert worden ist. Oder jemand, dessen Familienmitglied grad die Diagnose FSHD bekommen hat. Was ich diesen Menschen mitteilen möchte? Ich würde gern das mit euch teilen, was mir im Umgang mit FSHD am meisten geholfen hat.

Was ist FSHD? Ein paar lateinische Wörter, die furchtbar klug klingen und die mein Arzt mir damals, als ich 16 Jahre alt war, nach langen Untersuchungen, einer Muskelbiopsie und Konsultierungen mehrerer Ärzte präsentierte. Eine „Spontan-Mutation" - keiner in meiner Familie hatte sie, ganz überraschend und spontan kam sie angeschlichen. Das kann sie gut, die FSHD.

Anscheinend war sie schon immer da, aber nie so, dass es aufgefallen wäre. Als Baby schlossen meine Augen nicht richtig. Als ich eingeschult worden bin, ging es mit den Lippen los: „Warum lächelst du nicht?", „Kannst du nicht mal freundlich gucken?", „Was ist mit dir? Bist du traurig?". Das verstehe mal ein 8-jähriges Mädchen! „Ich lächle doch!", habe ich immer gesagt und es fühlte sich auch tatsächlich so an! Fast zehn Jahre meines Lebens lebte ich so, ohne zu wissen, warum ich anders bin, warum ich immer so blöd auf Fotos aussah, wenn ich doch eigentlich immer gelacht habe.

Mit der Zeit hörte ich auf zu lachen. Aber verstehen konnte es keiner. Mein Selbstbewusstsein war am Boden nach Jahren des Andersseins. Wie sollte man auch den Leuten etwas erklären, was man selbst gar nicht weiß? Wer kennt schon jemanden, der nicht lächeln kann? So ein primitiver und zugleich wirkungsvoller Gesichtsausdruck. Selbst ein Baby lächelt instinktiv, wenn es Glück verspürt. Die Unfähigkeit zu Lächeln hat soziale wie auch psychische Folgen:

Freunde zu finden gestaltet sich deutlich schwerer, wenn man als depressiv, schlecht gelaunt, kalt oder gar arrogant empfunden wird. Ich selbst habe mich abgeschottet, weil ich nicht verstehen konnte, warum Leute das von mir dachten. Irgendwann passt man sich an das Bild, was andere sich von einem malen, an. Dabei entsprach es nie meiner eigenen Wahrnehmung von mir.

Dann mit 16 Jahren fingen die Finger der rechten Hand an und mein linker Arm wollte sich nicht mehr über den Kopf heben lassen. Erst jetzt die Diagnose: FSHD. Und endlich hatte die Ungewissheit einen Namen. Reiten, Tennis, Karate, Volleyball, alles, was ich liebte, musste ich aufgeben - für immer. Was man machen kann? Nichts. Naja, die Krankheit sei selten, Krankengymnastik würde wohl nichts verschlimmern, kaltes Wasser bitte meiden. Damit wurden meine Mutter und ich nach Hause entlassen.

© Sandy

Dann der Neuanfang: Ein Auslandsaufenthalt mit neuen Leuten, mit dem Bewusstsein, was mich anders macht. Ein halbes Jahr war ich einfach weg von all den schlechten Erinnerungen. Im Nachhinein das Beste, was mir zu dem Zeitpunkt hätte passieren können! Der Eintritt in eine neue Gesellschaft, die komplett offen und unvoreingenommen einem gegenüber ist. Diesmal habe ich sofort allen klargemacht, warum ich anders bin. Die Menschen sahen mich tatsächlich ganz anders. Ich selbst war entspannter und litt nicht mehr unter dem Druck zu lächeln und konnte zum ersten Mal in meinem Leben schnell Freundschaften schließen und gehörte dazu. Für ein 16-jähriges Mädchen eine unglaublich wichtige Erfahrung.

Ich weiß nicht, wie ich heute wäre, hätte ich damals diese Erfahrung nicht gemacht. Vermutlich wäre ich jetzt immer noch so verschlossen und unglücklich. Stattdessen bin ich entspannter im Umgang mit Fremden und genieße den sozialen Kontakt. Ich bin eine selbstbewusste, fröhliche und humorvolle junge Frau, die ihr Lächeln nicht zu verstecken braucht. Ja, das ist ein großer Schritt. Viele haben das Gefühl, sie müssten ihre „Imperfektion" verstecken, denn sie ist „peinlich". Aber warum? Was kann ich dafür? Was kannst du dafür? Nichts! Und alle, die dich verurteilen, obwohl sie wissen, was mit dir los ist, sind, pardon, ganz einfach vollkommen asozial. Die, die es nicht wissen, können nichts dafür. Sei ihnen gegenüber verständnisvoll und schotte dich nicht ab. Meine beste Freundin hat mich am Anfang für kalt und arrogant gehalten! Geh auf die Leute zu, mit denen du gern einen freundschaftlichen Kontakt hättest. Ich mach es jetzt fast 10 Jahre so und es gab nie eine Situation, in der ich diese Einstellung bereut hätte.

Die FSHD trifft so viele Entscheidungen für uns, verbietet unseren Lieblingssport, schränkt unseren Bewegungsraum ein und schmeißt uns unendliche viele Stolpersteine in den Weg. Aber ich wäre verdammt, wenn sie mich in ein dunkles Loch steckt und den Schlüssel wegschmeißt! Das Leben bietet so viel Schönes, so viele schöne Begegnungen und Freundschaften, das lasse ich mir doch nicht von so ein paar lateinischen Wörtern nehmen!

© Sandy

Viele FSHDler pfeifen auf ihre Krankheit,
auch wenn ihre Gesichtsmuskulatur schon so weit abgebaut ist,
dass sie nicht mehr die Lippen spitzen können.
Schließlich hat das Leben
noch viel mehr zu bieten als nur die Krankheit.
Aber manchen nimmt FSHD nicht nur die Muskeln,
sondern auch die innere Kraft.
Die meisten von uns kennen beides:
die Freude am Leben in der Gegenwart und die Angst,
welche weiteren Einschränkungen die Zukunft noch bringen wird.

© Soso

Thomas Vogeley

"Es kommt im Leben nicht darauf an, wie viel Du austeilst, sondern darauf, wie viel Du einstecken kannst!"

Zitat von Rocky Balboa

Wo fängt man an zu erzählen? Am Anfang oder mitten drin?

Ich springe einfach mal rein, in meine Geschichte, mitten ins Leben, in das Jahr 1982, irgendwo in eine Sporthalle, irgendwo in Deutschland.

Ein Junge, der versucht, wie alle anderen ein Seil hochzuklettern, der versucht, über eine Kiste zu springen oder wie die anderen Kinder einfach mitzuhalten. Ein Junge, der bei der Mannschaftswahl immer einer der letzten war...

Frustrationsmomente eines Kindes, die ich heute belächeln kann, damals ging das nicht.

Ich habe dann meinen Weg gemacht trotz aller Schwierigkeiten.

Ausbildung zum Gießereimechaniker, Umschulung wegen Asthma (erste Anzeichen der FSHD!), Abendschule zum Konstrukteur Maschinenbau und dann als Projektleiter immer unterwegs. In Deutschland und auch im Ausland. Ich habe Züge konstruiert, dafür gelebt, alles war schnell und ich fühlte mich mit Handy und Laptop irgendwie unbesiegbar...

Sport hatte ich vor vielen Jahren neu für mich entdeckt, Kampfsport und Krafttraining bis zum Umfallen. Ich habe nie Masse aufgebaut, hatte aber immer die Geduld, stundenlang etwas zu üben, was Anderen leichtfiel.

Dann würde ich immer öfter, immer länger krank. Jeder kleine Infekt schlimmer, Darmprobleme, Schlafstörungen, etc. Überarbeitet? Irgendwas anderes, aber was?

Dann die Nachricht meiner schwer erkrankten Mutter, die seit 10

Jahren verzweifelt nach einer Antwort suchte.

„Junge, ich habe FSHD, daher kann ich nicht mehr laufen und habe diese Schmerzen...“

„FSHwas?“ fragte ich.

Sie erklärte es mir und meine Welt begann sich zu drehen. Es folgte die genetische Diagnose mit einem positiven Befund. Jetzt ergab vieles einen Sinn. Ich klappte zusammen.

Zwei Monate psychosomatische Klinik und ein Neustart für mein Leben waren das Ergebnis.

Ich ließ mein altes Leben zurück, wehleidig oft, aber doch um vieles leichter. Ich begann, mein Hobby, den Sport, zu meinem „Beruf“ zu machen, absolvierte eine Ausbildung als Fachsportlehrer. Endlich konnte ich vieles besser verstehen, mit den Ärzten anders diskutieren.

Meine alten Fähigkeiten als Leitwolf in der Konstruktion wurden auf das Altenteil geschoben, ich war dem Ganzen nicht mehr gewachsen.

Und das ist er, der nächste Sprung mitten in mein neues Leben.

Heute habe ich mich an vieles angepasst, was passiert.

Ich stehe morgens auf, kümmere mich mit um die Kinder im Haus, mache dann etwas Hausarbeit und lege mich zum Schlafen hin. Fatigue ist wie ein Fluch für mich und nicht zu besiegen.

Dann mittags dem Großen (7) bei den Hausaufgaben helfen, Essen kochen für die Familie und dann ausruhen... Habe ich diesen Fluch namens Fatigue erwähnt? Naja.

Gegen Abend gehe ich dann leben. Das heißt, ich fahre in ein Fitnessstudio, wo ich als Trainer jobbe.

Jeden Tag zwei bis drei Stunden als Trainer auf der Fläche, zweimal pro Woche gebe ich Unterricht im philippinischen Boxen und manchmal vertrete ich auch einen Rehakurs.

Dort arbeite ich mit Menschen, nicht mehr mit kalten Zahlen und Terminplänen. Menschen, die zu mir kommen, weil sie Schmerzen haben, einen Unfall hatten oder mit ihrem Aussehen unzufrieden sind. Menschen, denen ich oft helfen kann.

Ich bin damit zufriedener als ich früher je war, mit Handy und Laptop. Das Geld ist deutlich weniger, aber Geld kann nicht alles bewirken.

Auch habe ich verstanden, dass niemand unbesiegbar ist. Immer kommt etwas dazwischen, was wir so nicht erwartet haben.

Es ist ein neues Leben, angepasst an die Krankheit, die voranschreitet.

Zur Zeit versuche ich, meinen Master im philippinischen Boxen (Escrima) zu machen, da geht es nicht nur ums Kämpfen, sondern um Lebensbalance. Ja, auch wenn ich heute Frührentner (böses Wort) bin, oft Schmerzen habe, mein Tagesablauf von einem „Fluch" betroffen ist, mein Gehör hohe Töne nicht mehr mag und die Zahnarzthelferin mir den Mund aufhalten muss, irgendwie geht es weiter.

© Thomas Vogeley

Und somit kehre wieder zurück zu Rocky ...

Elena

Gedanken

Jeder Mensch hat und ist etwas Besonderes, egal, ob mit oder ohne FSHD! Verstecke dich nicht und mache das, was dir Freude bereitet, egal was die anderen sagen.

© Elena

Ich versuche das zu leben, und so kann ich wieder ein bisschen Energie tanken. Es ist nicht immer leicht mit der FSHD und auch ich habe schon schlechte Tage gehabt. Es kann auch anstrengend sein, wenn man immer wieder für Sachen kämpfen und sich zuerst beweisen muss, doch man sollte nicht aufgeben und nach vorne schauen, denn meistens lohnt es sich und dann kann man stolz darauf sein! Das gibt einem auch wieder ein bisschen Motivation. Ich persönlich finde es hilfreich, wenn man versucht, die kleinen positiven Sachen im Leben zu sehen. Es ist auch ok, wenn man Tage hat, wo man nichts machen mag oder einfach mal traurig ist.

Wichtig finde ich, dass man danach wieder aufsteht und nach vorne schaut und nicht im Selbstmitleid versinkt.

Erika

Früher und heute

© Erika

Früher wusste ich nicht, dass es Menschen gibt, die im Rollstuhl sitzen, obwohl sie noch gehen können. Für mich gab es nur Fußgänger und Rollstuhlfahrer. Heute weiß ich, dass es Menschen gibt, die noch ein paar Schritte oder sogar einige Meter gehen können und für weitere Strecken einen Rollstuhl benutzen, weil sie nicht nur die Steine auf dem Boden sehen möchten, sondern die schönen Blumen am Wegrand.

Früher wusste ich nicht, dass es Menschen gibt, für die eine Gabel oder ein Löffel zu schwer sein kann, um an den Mund geführt zu werden. Heute weiß ich, dass es Menschen gibt, für die eine Mahlzeit zu einem Kraftakt wird, wie für einen Bodybuilder das Stemmen der Hanteln. Vom Trinken eines herrlich schäumenden Weizenbieres können diese Menschen nur träumen.

Früher dachte ich, dass Menschen, die sich komisch bewegen, ein bisschen plemplem sind. Heute weiß ich, dass man nicht plemplem ist, wenn man sich mit beiden Händen am Treppengeländer hochdrückt, sich - das Bein seitlich abgespreizt- auf die nächste Stufe hochwuchtet, dabei in der Hüfte einknickt und mit Geächze die nächste Stufe erklimmt. Man hat nur schwache Muskeln.

Früher wusste ich nicht, dass es auch junge Menschen gibt, die am Rollator gehen. Heute weiß ich, dass schon junge Menschen durch ihre Krankheit gezwungen werden, Rollatoren oder Rollstühle zu benutzen. Wenn man die Augen aufmacht, sieht man viele Menschen, die schlecht zu Fuß sind.

Früher wusste ich nicht, dass es Menschen gibt, die beim Gehen nicht links und rechts schauen können. Heute weiß ich, dass ich stur geradeaus laufen muss, egal ob neben oder hinter mir jemand geht, sonst falle ich über meine eigenen Beine. Auch meinem Chef kann ich nicht in die Augen schauen, nicht, weil ich ein schlechtes Gewissen habe, sondern weil er größer ist als ich und ich das Gleichgewicht verliere, wenn ich ihm in die Augen schauen möchte.

Früher wusste ich nicht, welcher Kraft- und Zeitaufwand nötig ist, um eine Kartoffel zu schälen. Heute weiß ich, dass ich viel Zeit einplanen muss, um vier Kartoffeln zu schälen, da nach der ersten die Muskeln eine Pause brauchen.

Früher wusste ich nicht, ob ich jemanden auf seine offensichtliche Krankheit ansprechen soll. Heute weiß ich, dass die meisten Menschen froh sind, wenn sie direkt angesprochen werden und nicht hintenherum getratscht wird. Wer nicht darüber sprechen will, kann es offen sagen.

Früher wusste ich Vieles nicht. Meine FSHD hat mich viel gelehrt.

Marion

Als ich auf die schiefe Bahn geraten bin!

Wir Faskahudis sind natürlich auch Menschen, die gern lachen, streiten, lieben, zornig sein dürfen und, wie in meiner Geschichte, abenteuerlustig sind.

In unserem Einkaufscenter war ich mit meinem Rolli unterwegs. Mein Rolli sind meine Beine und auf vier Rädern fühlte ich mich immer sehr sicher. Es machte mir nichts aus, mit der Rolltreppe, oder besser gesagt auf dem Rollband, von einer Etage zur anderen zu fahren. Meistens bediente ich meinen Joystick und war noch schneller unterwegs.Bis zu dem Tag, wo mein Körper nicht nur Glückshormone ausschüttete, sondern ich dabei war, einen „filmreifen Stunt" hinzulegen.

Mein Rolli rutschte mit mir die Rollbahn herunter und wurde immer schneller. Gott sei Dank war keiner vor mir und ich nahm an Tempo zu. Fest an meinem Rollstuhl gekrallt, sah ich mich unten ankommend bereits in der Gemüseabteilung inmitten von Tomaten, Kartoffeln, Radieschen und Kohlköpfen.

Meinen Mann mit seinem Einkaufswagen hatte ich natürlich weit hinter mir gelassen. Ein zaghaftes „Hilfe – Hilfe – Hilfe" entrang sich meinen Lippen. Unten angekommen und vor allen Dingen ohne rauszufliegen, hätte ich laut schreien können.

Ich habe immer einen Schutzengel bei mir, der am Rollstuhl hängt, und diesmal hatte er seine Flügel schützend über mich ausgebreitet.

Das Ergebnis meiner Rolltreppenfahrt, ich bin nie mehr nach unten gefahren, aber hinauf macht es mir immer noch Spaß und Freude, wenn ich schneller bin als das Band. Zum Nachahmen nur dann, wenn ihr 100% einen Engel bei euch habt.

Mein Engel hat ein „B“ davor und ist mein Mann, mit dem ich lachen, streiten, lieben und zornig sein kann und manches Abenteuer erleben darf.

© Marion

Christina Dietz

Wer bin ich?

Ich bin ich.
Klein, fröhlich,
wie alle anderen.
Ich bin ich.
Etwas ist anders,
keiner weiß was.
Ich bin ich.
„Es“ hat einen Namen.
Doch keiner kennt
es wirklich.
Ich bin ich.
„Es“ vergessen.
Ich bin ich.
„Es“ verfolgt mich.
Ich bin ich.
„Es“ ist nicht nur bei mir.
Ich bin ich.
„Es“ macht etwas mit mir.
Ich bin ich.
„Es“ ist ein Teil von mir.
Ich bin ich.
„Es“ ist nicht ich.
Ich bin ich.
Mit „Es“.
Ich bin ich.
Egal was „Es“ tut.
Ich bin ich.
Seht MICH!
ICH BIN ICH!

Ich bleibe ich.
Ich lebe wie ich.
ICH BIN ICH!

© Dominik Schneider

Silke Kuwatsch

Masken

Lange Zeit wollte ich verstecken, was nicht mehr geht. Aufstehen, wenn keiner guckt. Hinter den anderen die Treppen hochgehen. Und, bitte, lieber Körper, nur hinfallen, wenn gerade niemand in der Nähe ist. Unauffällig die Ellbogen aufstützen, damit die Tasse zum Mund findet. Irgendwann kann man nichts mehr verstecken, wenn man selbst sichtbar bleiben will.

Seht her, ich habe FSHD. Ich hätte sie lieber nicht, aber sie ist nun mal da. Also helft mir, wenn ich sage: „Hilf mir!" Und lasst mich machen, wenn ich sage: „Das kann ich allein!" Und tut ansonsten so, als wäre ich völlig ... Mensch.

Luise Schwarz

Mit einem weinenden und einem lachenden Auge oder auch kullernde Erdbeeren

Es war ein sehr heißer, schwüler Julinachmittag, die Sonne brannte förmlich vom Himmel. Ich musste trotz der Hitze Lebensmittel einkaufen und fuhr deshalb zum sechs Kilometer entfernten Ort.

Zu diesem Zeitpunkt war ich knapp über vierzig Jahre alt und konnte gerade noch so ohne Hilfsmittel gehen. Mein Gang war bereits stark hinkend, schwankend und mein Hohlkreuz hierbei stark überstreckt. (So wie es oft bei FSHD-Erkrankten vorkommt. Der Bauch tritt deshalb extrem vor.)

Als ich mit meinem Einkauf fertig war und gerade mit dem vollbeladenen Einkaufswagen das Geschäft verlassen wollte, kam eine ältere, mir unbekannte Frau auf mich zu und sagte: „Mei, ist das heute eine Hitze, mei und Sie in ihrem Zustand, das muss ja für Sie unerträglich sein." (Sie meinte natürlich, dass ich wegen meines hervortretenden Bauches schwanger sei.) Ich war total perplex, überfordert und zugleich war es mir peinlich und so sagte ich nur so nebenbei: „Ja, es ist schon sehr schwül" und ging mit dem Einkaufswagen schnurstracks zum Auto.

Sie aber lief einfach neben mir her und sagte dann in mitleidvollstem Ton: „Oh Gott, mei, oh mei, breschthaft (das ist ein altbayrisches Wort für behindert) sind S` ja auch noch dazu! Das ist ja furchtbar, oh mei, warten S` ich helfe Ihnen, die Lebensmittel ins Auto rein zu laden."

Ich war am Ende. Dieser mitleidsvolle Ton und dass sie mir auch das noch sagen musste, dass ich „breschthaft" sei. Das weiß ich doch selbst.

Zu jener Zeit war ich ganz und gar nicht fähig, schlagfertig etwas zu erwidern. Ich war einfach nur sprachlos und dachte bei mir: „Bitte verschwinde und lasse mich endlich alleine!" Aber nein, sie half mir, alle Lebensmittel in den Kofferraum zu verstauen und schwafelte in einer Tour. Da ich schnell, schnell fertig werden wollte, kullerten mir, zu meinem Entsetzen, die ganzen Erdbeeren auch noch aus der Schale. „Oh Gott, oh Gott," sagte sie wieder, „mei, das ist wirklich gut, dass ich Ihnen helfe!" Am liebsten hätte ich vor Wut laut aufgeschrien. Aber Gott sei Dank war endlich, endlich der Einkaufswagen leer und so bat ich sie: „Könnten Sie mir bitte den Wagen zurückbringen?" (Das war mein bester Einfall an diesem Tag!) „Ja, gerne, ja freilich mache ich das!" Ich bedankte mich und stürzte mich mit einem tiefen Seufzer auf den Fahrersitz meines Autos und fuhr sogleich los.

Auf dem ganzen Weg nach Hause heulte ich in einem fort. Vor lauter Wut wegen dieser nicht einfühlsamen Person, wegen meiner Krankheit, wegen meiner Unzugänglichkeit, meiner Sprachlosigkeit? Genau weiß ich es nicht, ich weiß nur, dass ich fix und fertig war und dass der Auslöser diese g'schaftlerische, unsensible Frau war.

Heute, zwei Jahrzehnte später, kann ich darüber lachen. Ich glaube auch, dass ich nun nicht mehr so sprachlos wäre wie damals. Inzwischen kann ich einfach besser mit der Krankheit umgehen und auch darüber sprechen. Natürlich bin ich nicht verpflichtet, jedem Menschen, der mir über den Weg läuft, Rede und Antwort zu stehen. Ich kann selbst bestimmen, mit wem ich darüber rede und was ich davon erzähle. FSHD gehört zu meinem Leben wie meine Arme und meine Füße. Ich habe die Krankheit akzeptiert und mache so gut es geht das Beste daraus. Meine Lebensfreude kann mir FSHD nicht nehmen. Mein Leben ist für mich trotz alledem lebenswert. Auch mit FSHD kann man lachen und vielleicht gibt es auch gerade deshalb einiges zu lachen.

Susanne

Tagebuchauszug

Ich habe über folgendes nachgedacht

Die Fruchtwasseruntersuchung hat ergeben, daß mein Baby dieselbe Erbkrankheit hat wie ich. Nämlich FSHD. Meine Gedanken kreisten um unsere Zukunft. Der Gedanke an Abtreibung ist mir gekommen. Das Baby war zu dem Zeitpunkt der Bekanntgabe des Testergebnisses schon sehr weit. Ich habe die Bewegungen gespürt und das Leben in mir. Ich habe viel darüber gelesen und mich durch die Ärzte beraten lassen. Mein Vater lebt damit, ich auch. Warum nicht auch Du, mein Kleines. Ich hoffe Du wirst es mir nie zum Vorwurf machen, daß ich Dich mit dieser Krankheit auf die Welt habe kommen lassen. Verzeih mir den Gedanken, Dich abtreiben zu lassen. Er war nur kurzzeitig da, dieser Gedanke. Wenn auch bei Dir diese Krankheit ausbricht, wünsche ich mir für Dich, daß sie dieselbe schwache Auswirkung wie bei mir hat. Und das ich Dich dahingehend so stark machen kann, daß Du gut damit umgehen und leben kannst. Und ich möchte das Du weißt, daß in dieser schwierigen Zeit der Entscheidungen Dein Vater mir und uns eine große Hilfe und Unterstützung war!

Ich möchte gern, daß du weißt

Heike Hilgers

Närrische Zeiten

Mer sin wirklich offe,
mer schwaade nit drömröm,
uns Hätze schlage allsamp
im Rhythmus vun ner Tromm.
[...]
Su lang mer noch am lääve sin,
am laache, kriesche, danze sin,
su lang mer noch am lääve sin

Wir sind wirklich offen,
und wir reden nicht drum herum,
unsere Herzen schlagen allesamt
im Rhythmus von einer Trommel.
[...]
So lang wir noch am Leben sind,
am lachen, weinen, tanzen sind,
so lang wir noch am Leben sind.
(Brings, 2004)

Mein Mann und ich sind begeisterte Karnevalisten. Glücklicherweise wohnen wir auch noch im närrischsten Gebiet Deutschlands – dem Niederrhein. Wenn es das Wetter zulässt, sind wir von Nelkensamstag bis Veilchendienstag jeden Tag „am Zoch" und freuen uns an der Stimmung und den Kostümen. Noch lieber – weil wetterunabhängig – sind uns die Sitzungen. Hier gibt es jedoch große Unterschiede, wie die Veranstalter mit gehandicapten Narren umgehen. Davon möchte ich einmal erzählen ...

Anfang 2016 fanden wir bei eBay Karten für „die lachende Philipshalle" in Düsseldorf. Bei Veranstaltungen dieser Art gibt es keine

Tische, sondern ausschließlich Stuhlreihen. Der Preis für die zwei Karten lag zum Auktionsende etwa beim Preis für eine Karte und die Plätze waren auch gar nicht schlecht gelegen, da sie unten im Hauptraum und auch noch in der ersten Reihe des Blocks lagen. Ich würde also keine Schwierigkeiten haben, mit meinem Rolli zum Platz zu kommen. Trotzdem wollten wir uns erstmal beim Veranstalter erkundigen, ob nicht vielleicht zufällig noch ein Rollstuhlplatz frei wäre. Diese liegen meist noch etwas näher an der Bühne und auch in der Nähe der Behindertentoiletten. Doch kaum jemand schien zu wissen, ob es überhaupt Rollstuhlplätze gab, wo sie lagen und ob alle entsprechenden Tickets verkauft seien. Es waren vier Anrufe bei verschiedenen Stellen nötig, um herauszufinden, dass alle Rollstuhlplätze vergeben waren.

Der Samstag kam, mein Mann wurde ein Steampunk-Gentleman und ich wurde zum Pinguin und bevor die Sitzung losging, suchten wir in der Halle nach den anderen bereiften Narren. So würden wir für die Zukunft erfahren, wie viele Plätze es gab.

Wir konnten jedoch noch keinen anderen Rollifahrer sehen, auch nach der ersten Hälfte nicht!

In der Pause gab es die Möglichkeit, Karten für das nächste Jahr zu reservieren. Obwohl an dem Stand recht viel los war, beschloss ich, mich anzustellen, um mich mal zu informieren: Gab es überhaupt Rollstuhlplätze?

Nach einer gefühlten Ewigkeit schaffte ich es, mich bis zur Theke vorzuarbeiten. Diese war natürlich für stehende Menschen ausgerichtet, aber ich konnte immerhin drüber schauen und auf mich aufmerksam machen.

Konnte ich auf mich aufmerksam machen? Nein!

Es gab zwei – gestresste – Mitarbeiter. Eine Dame beschäftigte sich in der linken Ecke und ein Herr deckte die restlichen 2/3 rechts ab. Ich stand ziemlich mittig und winkte dem Mann immer wieder zu, wenn er an mir vorbeikam. Er übersah mich geflissentlich. Ich rief ihn mehrmals an ... keine Reaktion. Eine Frau, die neben mir stand und selber schon bedient worden war, wurde auf mein Dilemma aufmerksam und rief den Mitarbeiter zu sich. Er kam umgehend!

Und sprach die ganze Zeit nur zu der Dame, obwohl ich auch mit ihm redete. Ich kam mir vor, als wäre ich unsichtbar!

Schlussendlich bekam ich einen Zettel zum Ausfüllen, auf dem ich unter „Sonstiges“ mein spezielles und anscheinend ungewöhnliches Anliegen aufschreiben sollte. Etwa eine Woche später bekam ich einen Anruf vom Veranstalter. Die Mitarbeiterin erklärte mir, dass es sehr wohl Rollstuhlplätze gäbe, nämlich ganze zwei Stück. Diese lägen in der ersten Reihe immer ganz außen. Damit endet aber anscheinend auch die Bereitschaft, mobilitätseingeschränkte Narren in der Halle willkommen zu heißen. Denn nicht nur, dass ich zwei Mal den vollen Preis zu zahlen hätte – trotz 100% und Merkzeichen B im Schwerbehindertenausweis –, die Dame riet mir auch ganz offen davon ab, die Karten zu kaufen! Natürlich nicht, weil man als Feiernder bei einer lustigen Sitzung nicht mit offensichtlicher Krankheit bzw. einer Behinderung konfrontiert werden möchte, sondern weil es bei der lachenden Philipshalle immer wieder so sei, dass die Leute sich einfach vor die erste Sitzreihe an die Bühne stellten und dann könne ich ja gar nichts mehr sehen!

Ich habe die Karten trotzdem erstmal reservieren lassen ... ob ich sie dann auch kaufe, muss ich mir erst noch überlegen, schließlich bin ich anscheinend kein gern gesehener Gast.

Es geht aber auch anders ...

Zur Sessionseröffnung am 14.11.2014 fand in der Eissporthalle in Grefrath eine Veranstaltung namens „Rumtata" statt. Auch hier war man offenbar nicht wirklich auf Rollstuhlfahrer eingestellt, aber man gab sich wenigstens Mühe!

Im März 2014 sahen wir an der Eissporthalle das Werbeplakat für die genannte Veranstaltung, fragten am Ticketschalter nach Karten und wurden an das Büro in der ersten Etage eines kleinen Gebäudes hinter der Halle verwiesen. Zum Glück kann mein Mann ja Treppen erklimmen.

Doch die zuständige Mitarbeiterin war im Urlaub. Wir riefen später noch einmal im Büro an und da versprach man uns, sich beim Veranstalter kundig zu machen. Tatsächlich kam schon zehn Tage später der erwartete Rückruf.

Man bot uns vergünstigte Karten und zwei Sitzplätze mitten in der ersten Reihe der Zusatztribüne an. Die nette Dame am Telefon meinte, es würde sich um Klappsitze handeln, und da wo ich mich mit meinem Rolli hinstellen würde, könnte man ja dann einfach den Sitz hochgeklappt lassen. Ich war etwas skeptisch, ich bin nämlich etwas klein für mein Gewicht, dementsprechend breit ist mein Rollstuhl, doch man versicherte mir, das würde schon alles klappen. Notfalls müsse sich eben der Veranstalter am Tag des Events darum kümmern.

Natürlich passte ich nicht in die Lücke! Die ganze Reihe war voll besetzt, so dass ich auch nicht einfach 2 Plätze belegen konnte. Doch die Ordner waren sehr nett und wirklich um Hilfe bemüht. Ein Verantwortlicher wurde geholt und dann eine schnelle, einfache und für meinen Mann und mich geniale Lösung gefunden: Wir durften uns an der abgesperrten Seite der Bühne hinstellen. Mein Mann bekam auch extra einen Stuhl, er musste nicht die ganzen 6 Stunden stehen – obwohl er trotzdem mehr gestanden als gesessen hat, aber das hatte eher mit der hohen Qualität der Musik-Acts zu tun. Ich hatte den großen

Vorteil, dass sich endlich einmal niemand vor mich hin- und mir damit den Blick auf die Bühne verstellen konnte. Es wurde ein richtig schöner Abend!

Roland

In der Industrienorm DIN 18065 wurde festgelegt,
dass Treppenstufen zwischen
14 und 19 cm hoch sein müssen.
Muskelkranke haben leider keine Möglichkeit,
die Länge eines Zentimeters
an die Kraft ihrer Beinmuskulatur anzupassen.

Wer beim Essen die Ellenbogen auf dem Tisch aufstützt,
hat nicht gerade die besten Umgangsformen.
Es sei denn, er hat eine Muskelerkrankung
und kann so noch ohne Hilfe essen.

Luise Schwarz

Mein Rollstuhl und ich auf dem Jakobsweg

Im Mai 2013 machte ich mich mit meinem elektrischen Rollstuhl auf den Pilgerweg. Der Auslöser, mich auf den Weg zu begeben, war mein Mann. Er hat mich nämlich Anfang 2012 verlassen, dadurch fiel ich in ein totales Tief und lebte im Grunde eineinhalb Jahre nicht mehr wirklich. Als ich ein Gespräch über den Jakobsweg hörte, ließ mich dies nicht mehr los. Zuerst dachte ich, das kann ich unmöglich mit meinem E-Rolli verwirklichen, aber dann dachte ich: Warum eigentlich nicht? Wenn es auf dem Original-Jakobsweg nicht weitergeht, muss ich halt eine Alternative suchen. Zugleich war mir klar, damit ich mit meinem Problem weiterkomme, muss ich mich alleine auf den Weg machen. Um meine Lebensfreude, mein Selbstwertgefühl, meine Zuversicht, mein Selbstvertrauen wieder aufbauen zu können.

Nach einer Vorbereitung von einem halben Jahr fühlte ich mich bereit, mich auf den Weg zu machen. Ich las Bücher, interviewte Pilger, kaufte Karten, Pilgerwegführer, -muschel und –ausweis.

Der Rollstuhl wurde zum Kundendienst gebracht, wo er neue Batterien und Reifen bekam. (Ich verriet aber der Krankenkasse nicht, dass ich mit meinem Rolli den Jakobsweg machen will). Mein Sohn baute eine Hängevorrichtung für 3 Radtaschen daran.

Zugleich informierte ich verschiedene Zeitungen über mein Vorhaben zur Pilgerreise, da ich ja zu Spenden für die Erforschung meiner Krankheit (Muskeldystrophie, Typ FSHD) aufrief. Auch Flyer ließ ich dazu anfertigen, um sie in deutschsprachigen Kirchen, Herbergen und an Pilger verteilen zu können. Außerdem nahm ich Kontakt zu der Deutschen Gesellschaft für Muskelkranke auf, um ein Spendenkonto zu eröffnen.

Am 6. Mai 2013 war es dann so weit. Schwer bepackt fuhr ich von Schöffau (Landkreis Garmisch-Partenkirchen in Oberbayern), meiner eigenen Haustür aus los, mit den Gedanken: „Werde ich es schaffen, wird mein Rollstuhl die Fahrt heil überstehen, werde ich gesund bleiben und mit meinem Problem weiterkommen?“

Eine Strecke von mindestens 2700 km sowie viele Überraschungen und Abenteuer lagen zwischen meinem Ziel „Santiago de Compostela“ und meinem Startpunkt. Passend dazu der Name meines Rollstuhls „Adventure“.

Durchschnittlich legte ich pro Tag 25 -30 km zurück und war ca. 7-8 Std. täglich mit meinem E-Rollstuhl unterwegs.

Zuerst fuhr ich 6 Tage durch unser schönes Allgäu (auf dem sogenannten Münchner Jakobs-Weg): Rottenbuch, Wies, Kempten, Scheidegg usw. bis nach Lindau.

Dort hatte ich dann die erste Heulphase. Es regnete den ganzen Tag, die Herberge fand ich erst nach endlos langem Suchen und zugleich plagte mich das Heimweh. Und ich fragte mich: „Warum tue ich mir das Ganze an“? Ich bekam Zweifel an meinem Vorhaben.

Aber am nächsten Tag sah die Welt wieder anders aus und ich ließ mich mit dem Schiff nach Rorschach, erster Ort in der Schweiz, bringen. Fuhr ab dort auf dem „Schweizer Jakobsradweg“, wo ich relativ gut vorwärts kam, wie z.B. nach Rapperswil, Einsiedeln, Flüeli. Über Friburg erreichte ich schließlich nach 18 Tagen die französische Grenze bei Genf.

In Deutschland war das Wetter noch durchwachsen, aber in der Schweiz regnete es fast die ganze Zeit und war auch sehr kalt. Mein Poncho schützte zwar meine Kleidung, aber die Schuhe wurden immer wieder bis auf die Socken nass. So kam mir die Idee, mir einen Müllsack zu besorgen und meine Füße bis zu den Knien herauf hineinzustecken. Ich sah zwar schrecklich aus, wurde aber nicht mehr nass. Schade, dass das Wetter in der Schweiz so schlecht war, denn die Berg- und Seenlandschaften wären wunderschön gewesen!

In der Schweiz musste ich oft über Pässe, so auch über den Brünigpass. Der ist mir noch lebhaft in Erinnerung. Da ich zum Herunterfahren nicht den Pilgerweg nehmen konnte, musste ich bei sehr starkem Verkehr die normale Straße benutzen, was sehr gefährlich war.

Aber irgendwie fühlte ich mich auf dem ganzen Weg begleitet.

Z.B. kam mir bei einer steilen Bergetappe ein Engel in Form eines Bauern zu Hilfe. Ich kam beim besten Willen nicht mehr alleine weiter, es war zu steil und die Steine zu groß. Deshalb wollte ich umkehren, aber der Bauer kam von seinem abgelegenen Hof zu mir herrunter und schob mich ca. 25 m den Schotterweg hoch und schon ging es wieder weiter.

Noch öfter durfte ich solche Erfahrungen auf dem Weg erleben.

Einmal wollte ich gerade aus dem Rollstuhl aufstehen, um eine Zaunabsperrung zu öffnen. Dabei machte ich mir Gedanken: Hoffentlich ist die Drahtspannung nicht zu straff. Aber genau in diesem Moment kam ein Mopedfahrer und öffnete den Zaun.

Leider regnete es auch am Anfang bei der Durchquerung Frankreichs sehr häufig, deshalb waren die Wege oft aufgeweicht und unpassierbar.

Ein hilfsbereiter Mitpilger half mir durch eine schlammige Strecke, aber nach einiger Zeit bestand der Weg nur noch aus Morast und so begleitete er mich wieder zurück. Kurz nachdem wir uns getrennt hatten und ich meinte, dass ich alleine zurechtkomme, blieb ein Reifen in einer Furche stecken. Ich legte Äste, Steine unter, aber nichts half. Nach eineinhalb Stunden Ausharrens kam Gott sei Dank ein Jogger vorbei und befreite „uns“ aus der misslichen Lage. Ich musste den „Jakobsweg“ verlassen, mich neu orientieren und auf einer kleinen Nebenstraße weiterfahren. Besonders in Frankreich war ich öfter gezwungen, alternative Wege zu suchen.

© Luise Schwarz

Auch wenn Stufen kamen, der Weg zu schmal, zu steil oder die Steine zu groß wurden und ich alleine war, blieb mir keine andere Wahl als umzukehren.

So stand ich plötzlich in Spanien vor einer nicht überwindbaren Brücke. Große, stufige, schmale Steinplatten waren zu einer Brücke errichtet worden, für mich und meinen Rollstuhl keine Chance, da rüber zu kommen. Aber es kamen mehrere Pilger des Weges (in Spanien war man selten lange allein). Sie wuchteten gemeinsam den Rollstuhl hinüber und führten mich, links und rechts stützend, über die Brücke.

Eine ganz besondere Hilfe erfuhr ich kurz vor Burgos. Wieder einmal galt es, eine Bergstrecke zu überwinden. Ich war vielleicht auf der halben Strecke, als der Bergweg nur noch für Fußgänger begehbar wurde (Stufen, Platten, zu schmal, viel zu große Steine usw.).

© Luise Schwarz

Ich dachte: Es gibt nur noch eins, ich muss zurück! Aber nein, Pilger aus verschiedenen Ländern (Italien, Frankreich, Spanien und Deutschland) waren sich einig, den Rolli auseinander zu nehmen und ihn gemeinsam die letzten 50 Meter den Berg hinauf zu tragen. Und zu guter Letzt holte mich ein junger Deutscher ab und trug mich „huckepack“ zum Gipfel hoch. Das war ein besonders ergreifendes Erlebnis - ein echtes Gipfelkreuz, die beeindruckende Landschaft rundum und dann die vielen netten, hilfsbereiten Mitpilger!

Nicht nur ich war glücklich, auch die Anderen, da sie mir helfen konnten und es eine besondere Begegnung war.

So richtig Angst hatte ich auf dem Weg nie, nur Bedenken, dass an meinem Rollstuhl etwas kaputtgehen könnte.

Nach 43 Tagen Aufenthalt in Frankreich verließ ich das Land am Sonntag, den 14. Juli. Dies war sehr ideal vom Verkehr her, da es zugleich ein Feiertag war.

Denn ich musste die Pyrenäen auf der Landstraße überqueren. Aber fünf Kilometer vor dem Ziel Roncesvalles waren die Akkus leer und es war kein Haus weit und breit, um sie aufladen zu können. Doch auch da erfuhr ich Hilfe: Ein dänisches Ehepaar nahm mich mit Sack und Pack in ihrem VW-Bus mit, drei Männer halfen, den Rolli rein zu heben. Bei der nächsten Herberge setzten sie mich wieder ab, wo ich die Akkus aufladen konnte.

Alles war eigentlich wieder OK, trotzdem bekam ich hier meine zweite Heulphase.

Denn die Herberge war riesengroß und übervoll, so etwas war ich von meiner bisherigen Reise nicht gewohnt. In Frankreich gab es kleine, meist familiengeführte Herbergen, die sogenannten „Gites“. Auch gab es dort noch nicht so viele Pilger. Aber hier, in der Nähe der Pyrenäen, beginnt der spanische Jakobsweg, den viele dort begehen und beginnen.

Doch dann die berechtigte Angst - in Logrono gingen die Akkus und das Aufladegerät kaputt. Fünf Tage Zwangspause musste ich dort einlegen, um die Lieferung der neuen Akkus von der Herstellerfirma aus Deutschland abzuwarten. Eigentlich klappte auch dies sehr gut und schnell.

Wegen des Pausierens traf ich in Burgos unverhofft einen alten Pilgerfreund wieder, der vier Tage in ein Krankenhaus musste. Wir sind uns am Anfang in der Schweiz begegnet und nun nach so langer Zeit..., das erfreute natürlich mein Pilgerherz! Immer wieder trifft man auf dem Weg bekannte Gesichter, aber selten nach so einem langen Zeitraum, das war schon eine sehr große Überraschung.

Dann endlich war das Ziel in Sicht. Am 18. August traf ich in Santiago de Compostela ein. Als ich die Kathedrale sah, erfüllte mich ein Gefühl von Freude und Dankbarkeit. Ich hatte es geschafft, wurde auf dem ganzen Weg nie krank...! Und als ein spanischer Pilger meine Leistung würdigte und sagte: „Wenn jemand eine echte Pilgerin ist, dann bist es du", weinte ich zum dritten Mal, diesmal aber vor Glück. Mit anderen Pilgern nahm ich an der Messe teil und konnte so auch das große Weihrauchfass bewundern, das sechs Männer zum Schwingen brachten.

Nach drei Tagen rollte ich weiter, bis zu der wunderbar gelegenen Wallfahrtskirche in Muxia. Diese liegt direkt am Meer und ist von

Felsen umgeben. Vier Tage brauchte ich dorthin und danach fuhr ich noch nach Finisterre, um das sogenannte „Ende der Welt“ zu sehen. Dort hielt ich mich noch vier Tage auf und genoss das Meer und die schöne Umgebung.

Danach rollte ich nach Santiago zurück (Ich vermute, dass ich im Ganzen 3300 km mit meinem Rollstuhl zurückgelegt habe). Von Santiago holte mich dann meine Tochter mit ihrem Mann ab. Zusammen machten wir uns mit dem Auto auf den Heimweg. Wir ließen uns dabei Zeit, um einige Sehenswürdigkeiten auf der Strecke anzuschauen.

So kam ich erst endgültig am 14. September wieder nach Hause.

Dort erwartete mich eine „Riesenüberraschung“, ich wurde mit Glockengeläut und Blasmusik empfangen und viele Dorfbewohner waren zugegen, um mich zu begrüßen. Es war gut und schön, wieder daheim zu sein!

Fazit meiner Pilgerreise:

Manchmal war es schon grenzwertig, sich jeden Tag eine neue Unterkunft suchen zu müssen, das Schnarchen und das Quietschen der Betten auszuhalten und zudem waren meist die Herbergen nicht behindertengerecht! Ein Beispiel: Ich kam in einer französischen Herberge ebenerdig durch die Türe, aber dann waren die Betten, Toiletten usw. im 1. Stock. Und es führte nur eine ganz steile Treppe ohne Geländer nach oben. (Ich war froh, dass ich alleine dort war und mich niemand sah, wie ich mich die Stufen hochwuchtete und sie morgens wieder runterrutschte).

Aber zum Ende meines Aufenthaltes in Frankreich, sowie in spanischen Städten und natürlich je näher man nach Santiago kam, umso behindertenfreundlicher wurde alles.

Trotzdem hätte ich diese Reise nicht „alleine“ durchführen können, wenn ich nicht noch mit meinen zwei Stöcken gehen könnte!

Auch durch das Nichtmehrweiterkommen auf dem Jakobsweg fiel mir die Orientierung nicht immer leicht. Da ich oft umkehren musste, wusste ich des Öfteren nicht mehr, wo ich mich befand. Auch konnte ich mich dadurch nicht mehr an den Jakobswegmarkierungen orientieren und verfuhr mich umso mehr, besonders in großen Städten (die hasste ich deshalb sehr)!!!

Und natürlich war das nasse, kalte Wetter im ersten Drittel nicht gerade aufbauend, dafür machte mir aber dann die Hitze gar nichts aus, da der Fahrtwind durch den Rollstuhl Kühlung brachte.

© Luise Schwarz

Das Aufladen meiner Akkus klappte im Großen und Ganzen gut, nur in der Schweiz brauchte ich einen extra Stecker. Abends lud ich immer in den Unterkünften und tagsüber meist in den offenen Kirchen. Man wird dabei immer erfindungsreicher und frecher! In Spanien waren aber leider die Kirchen meist geschlossen und so lud ich Strom, ohne Probleme, in den Bars.

Trotz aller Unwägbarkeiten möchte ich diese Reise nicht missen:

Die wunderbaren, einzigartigen Landschaften; die gewaltigen Berge, die vielen schönen Seen, die goldenen Weizenfelder, die blühenden Ginsterbüsche, die duftenden Lavendelfelder, die vielen Wälder, die Weitläufigkeit des Aubrac, die karge Hochebene der Meseta und vieles mehr versetze mich immer wieder in großes Erstaunen.

Dann die vielen Begegnungen mit lieben, netten Menschen, egal welchen Alters, erfreuten mich. Die unendliche Hilfsbereitschaft, die echte Bewunderung und Anteilnahme, die mir entgegengebracht wurde, egal ob von Fußgängern, Rad-, Motorrad- oder Autofahrern, auf der gesamten Wegstrecke und am Ziel, erstaunte mich.

Dies alles gab mir ungeheure Kraft, Selbstwertgefühl und Selbstvertrauen. So wurde mir klar: „Man kann noch vieles schaffen, wenn man es ganz fest will!“

Außerdem wurde dadurch mein Glauben gestärkt, ich fühlte mich auf dem ganzen Jakobsweg begleitet und behütet, immer wieder erhielt ich Hilfe, wo ich sie brauchte und es ging immer irgendwie weiter.

Diese meine Pilgerreise werde ich mein ganzes Leben lang nicht vergessen und ich werde davon zehren können.

Es freut mich auch sehr, dass ich durch diese Aktion Geld für die Forschung an der Muskelkrankheit FSHD sammeln konnte. Zugleich konnte ich dadurch auf FSHD aufmerksam machen. Momentan sammle ich weiterhin Spenden durch Vorträge über meinen besonderen Weg. (Als ich von meiner Pilgerreise zurückkam, waren 12480 € auf dem Konto, und nun sind es über 21300 €. Für die Forschung ist zwar diese Summe nur ein kleiner Tropfen, aber besser als gar kein Tropfen).

Schließen will ich nun mit dem Spruch von Paul Gaugin, der auch auf meinen Flyer abgedruckt ist:

„Die große Herausforderung des Lebens liegt darin, die Grenzen in dir selbst zu überwinden und so weit zu gehen, wie du dir niemals hättest träumen lassen“.

Silke Kuwatsch

Keine böse Absicht

Sie hört den Männern zu, ohne der Unterhaltung folgen zu können. Sie reden italienisch. Ziemlich schnell. Domani, versteht sie. Morgen. Und Basta. Genug. Nicht morgen, denkt sie, heute. Jetzt. Jetzt hab ich genug. Genug vom Vergessen werden. Vom Zurückbleiben. Einsam sein. Ich geh rauchen, hatte Polly gesagt. Fünf Stühle rückten. Auch der von ihrem Mann. Dann war sie allein mit den Italienern.

Keine böse Absicht. Das weiß sie. Aufstehen und rausgehen, über so etwas muss man nicht nachdenken, wenn man gesunde Beine hat. Man tut es einfach. Wer will, kann ja mitkommen.

Wenn er kann, denkt sie.

Draußen wird gelacht. Ich will mitlachen, denkt sie. Dabei sein. Sie wünschte, es gäbe nicht diese eng gestellten Tische im Restaurant und diese Stufe am Eingang. Dann könnte sie den anderen einfach nachschlendern auf ihren vier Rädern. In Gedanken bewegt sie den Rollstuhl, stößt an einen Stuhl.

„Willst du raus?“, fragt einer der Männer und springt auf.

Sie schüttelt den Kopf. Sie hasst es, auf diese Weise Aufmerksamkeit zu erregen. Nicht immer. Heute schon. Sie setzt eine Maske auf. Die mit dem lächelnden Gesicht.

Sandra

Leben mit FSHD

© Sandra

Seit Anfang August 2015 ist nun diese Muskelerkrankung FSHD in meinem Leben. Davor habe ich nicht mal gewusst, dass so eine Krankheit überhaupt existiert. Ich wusste sowieso nicht viel über Muskelerkrankungen, kannte eigentlich nur den Begriff „Muskelschwund" und dass diese Erkrankung in der Familie meines Opas mütterlicherseits vermehrt aufgetreten ist.

Auch meine Mutter hatte Muskelschwund. Die ersten auffälligen Symptome traten bei ihr auf, als sie etwa 45 Jahre alt war. Sie konnte immer schlechter gehen und fiel mehrmals hin. Ich weiß noch, dass sie vor etwa 38 Jahren für 3 Wochen in der Uniklinik in Freiburg zur Diagnose war und irgendwann hieß es dann, sie habe Muskelschwund. Mit mir wurde damals nie gesprochen bezüglich Vererbung dieser Krankheit und meiner Mutter schien auch keiner was davon gesagt zu haben.

Ich habe mir nie Gedanken darüber gemacht, denn irgendwann habe ich mal gehört, dass Erbkrankheiten eine Generation überspringen und so habe ich nie in Erwägung gezogen, dass ich diese Krankheit auch bekommen könnte. Nicht mal, als bei mir in etwa demselben Alter wie bei meiner Mutter die ersten Symptome auftraten, die dann allmählich zunahmen und irgendwann einige Verwandte feststellten, ich ginge wie meine Mutter.

Vor etwa 10 Jahren suchte ich einen Orthopäden auf, weil ich seit einiger Zeit in meiner rechten Oberschenkelmuskulatur beim Gehen ein starkes Ziehen verspürte und sich der Muskel dabei verhärtete. Der Orthopäde meinte, ich solle mich niederbeugen, schaute auf meinen Rücken und stellte dort eine Skoliose im Lendenwirbelbereich fest. Dann meinte er noch, dass ich sehr gute Muskeln hätte, man würde gleich sehen, dass ich Sport machen würde und das solle ich weiterhin tun. Ich dachte also, dass die Beschwerden von dieser Skoliose kämen und durch die Verformung der Wirbelsäule vielleicht irgendwas beim Gehen auf den Muskel drücken würde.

Anfang 2015 hatte sich mein Gehen so verschlechtert, dass ich mir Sorgen machte und beschloss, erneut einen Orthopäden aufzusuchen, diesmal allerdings einen anderen. Der schickte mich zum MRT und zu einer Neurologin, da er vermutete, dass eine Reizung des Ischiasnervs vorliegen könnte. Die Neurologin erkannte sofort an meinem Gang, dass etwas mit meinen Muskeln nicht stimmt. Sie führte einige Messungen durch, die ihren Verdacht bestätigten. Auch an meinem Gesicht fiel ihr etwas auf, was mich sehr verwunderte. Ich kann zwar nicht die Stirn runzeln, aber das ist ja nichts Schlimmes, im Gegenteil, so werde ich auf jeden Fall nie Botox brauchen.

Ich erzählte der Ärztin von meiner Mutter. Und dachte an Dr. House aus dem Fernsehen, der einmal einen Patienten vor einem qualvollen Erstickungstod gerettet hatte. Ich fragte die Ärztin, ob auch meine Atem- und Herzmuskulatur betroffen sein könnten wie bei diesem Typ in der Serie, aber sie schaute nur auf ihren Computer und ging auf meine Frage nicht ein. Dabei hätte sie mir meine Angst nehmen können. Sie nahm mir Blut ab, um den CK-Wert zu bestimmen, und meinte, ich hätte vermutlich eine Muskeldystrophie. Auf keinen Fall wollte ich ersticken! Ich schwor mir, alles zu tun, um so etwas zu verhindern.

Zu Hause googelte ich „Muskeldystrophien“ und stieß auf FSHD. So seltsam es jetzt klingt, dadurch fühlte ich mich etwas beruhigt, denn da hieß es, dass man bei dieser Erkrankung eine normale Lebenserwartung habe und nur etwa 20% der Patienten einen Rollstuhl benötigen würden. Das kam mir dann, verglichen mit den anderen Muskeldystrophien, noch als die beste Variante vor und ich hoffte, dass ich diese Form habe. Auf jeden Fall war ich nun vor dem Erstickungstod gerettet und dadurch schon etwas beruhigt.

An den folgenden Tagen schoss mir immer mal wieder der Gedanke in den Kopf, dass ich eine unheilbare Erkrankung habe und irgendwie kam mir das unwirklich vor. Ich war bisher so gut wie nie krank gewesen und wollte mich von so einer Diagnose nicht unterkriegen lassen.

Ich machte auch weiterhin jeden Tag meine Übungen, sie wurden mir nun noch wichtiger und ich war froh, dass ich immer daran festgehalten hatte.

Die Neurologin meldete sich nicht wie versprochen, und nachdem der Orthopäde das MRT-Ergebnis gesehen hatte, meinte er, er könne nichts mehr für mich tun. Da kam ich mir irgendwie sehr verlassen vor. Meine Freundin wirkte auch etwas hilflos, denn in so düsterer Stimmung hatte sie mich noch nie erlebt.

Nach ein paar Tagen meldete sich die Neurologin dann doch, sie hatte für mich bereits mit der Charité Kontakt aufgenommen, damit man mich dort genauer diagnostizieren könne. Gleich ging es mir wieder viel besser.

Anfang August 2015 wurde ich dort von Frau Dr. Irlbacher untersucht. Sie hatte so eine wohltuende Art und nahm sich viel Zeit, man hatte überhaupt nicht dieses Gefühl von Zeitdruck, das man bei vielen Ärzten verspürt. Sie war sich bald ziemlich sicher, dass bei mir FSHD vorliegt und nahm mir Blut ab für einen Gentest, der dies bestätigen sollte. Das Gespräch mit ihr tat mir sehr gut und hat mir viel Mut gemacht.

Inzwischen ist sie in einer Praxis tätig und ist nun meine behandelnde Neurologin. Darüber bin ich sehr froh und fühle mich bei ihr sehr gut aufgehoben. Im Januar 2016 habe ich dann auch erfahren, dass der Gentest positiv war und ich tatsächlich FSHD habe.

Bei meinen Recherchen über Muskelkrankheiten bin ich auf die Deutsche Gesellschaft für Muskelkranke gestoßen, einen Verein, der sich sehr für muskelkranke Menschen einsetzt und viel für sie tut. Mittlerweile bin ich Mitglied des Vereins, denn ich finde, dass man seine Arbeit unterstützen muss. Im Internet habe ich Foren der DGM besucht und erfahren, dass es eine Facebook-Gruppe für FSHD gibt. Dort habe ich gute Einblicke in die Krankheit bekommen. Zuerst war ich etwas erschrocken, wie schwer beeinträchtigt einige der Mitglieder sind und wie viele davon im Rollstuhl sitzen. Ich hoffe, dass ich die Fähigkeit zu gehen nicht verlieren werde und mittlerweile ist für mich jeder Schritt ein kleiner Sieg. In dieser Gruppe sind sehr nette Menschen, die nicht rumjammern, sondern mutig mit ihrer Krankheit umgehen. Das gibt mir Kraft und Zuversicht.

Das Wissen, FSHD zu haben, hat mein Leben verändert. Es ist gut, jetzt Bescheid zu wissen. Nun ist klar, warum ich nicht mehr so viel leisten kann wie früher. Ich habe mittlerweile 70 Grad Schwerbeschädigung und sehr viel Verständnis und Hilfsbereitschaft durch Freunde, Verwandte und Arbeitskollegen erfahren.

Bis Ende August 2015 habe ich mich immer sicher auf meinen Beinen gefühlt. Dann wollte ich eines Tages auf ein Fahrrad steigen. Ich benutze oft meinen Hometrainer und fühle mich gut und fit darauf. Fahrrad fuhr ich meistens nur ein oder zweimal im Jahr, wenn ich zu Besuch in Süddeutschland war, aber dabei gab es nie Probleme. Also dachte ich mir nichts dabei und wollte ganz ungestüm auf das Fahrrad steigen und zack, bum, da lag ich am Boden und das Fahrrad auf mir. Ich habe das rechte Bein, welches das schwächere ist, zum Aufsteigen benutzt und das muss irgendwie weggeknickt sein. So was kannte ich von meiner Mutter, die ist auch öfters hingefallen, weil ihr Bein weggeknickt ist, aber für mich war das was ganz Neues.

Ich lief dann aber weiter recht unbekümmert durch die Gegend, weil ich mir dachte, dass dies halt nur im Zusammenhang mit dem Fahrrad fahren passiert sei. Bis ich dann mal aus der U-Bahn stieg und einen großen Schritt nach unten nehmen musste, da der Abstand zwischen U-Bahn und Boden recht groß war. Bevor ich es überhaupt richtig mitbekam, lag ich schon wieder am Boden. Von da an war mir klar, dass mein rechtes Bein leicht wegknicken kann und ich gehe nun vorsichtiger und bewusster durch die Gegend.

Einmal bin ich hingefallen, als ich eine Treppe runterging. Da hat es mich auf den Hintern gesetzt und eigentlich war es zunächst gar nicht schlimm. Doch irgendwie müssen durch den Aufprall meine Muskeln in eine Art Schockzustand versetzt worden sein, denn ich war über eine Woche sehr wackelig auf meinen Beinen und hatte große Schwierigkeiten beim Treppen steigen, besonders beim Runtergehen. Damals bekam ich auch Angst, eine Rolltreppe zu betreten und habe lieber die normale Treppe benutzt, auch wenn das recht mühsam war. Nach etwa 2 Wochen hatten sich meine Muskeln wieder beruhigt und ich konnte wieder die Treppen wie zuvor runtergehen und auch wieder Rolltreppen runter und hoch fahren. Ich übte jeden Tag das Treppen gehen und war so froh und dankbar, als es dann wieder besser ging.

Draußen gehe ich nun an einem Stock. Mein Physiotherapeut hat mir dazu geraten. Mit Stock fühle ich mich besser und sicherer. Die Zeiten, als ich schnell durch die Gegend gelaufen bin, sind vorbei. Nun gehe ich langsam und achtsam und komme auch ans Ziel. In den letzten Winter bin ich allerdings mit gemischten Gefühlen gegangen, aber es hat alles ganz gut geklappt, auf reinem Schnee kann ich sogar recht gut gehen, nur wenn Eis darunter liegt, da muss ich höllisch aufpassen.

Ich habe mich ganz gut an dieses Leben mit FSHD und den damit verbundenen Einschränkungen gewöhnt. Ich gehe zur Physiotherapie und mache nach wie vor täglich meine Übungen zu Hause. Ich hoffe, dass ich dadurch meine Gehfähigkeit und Beweglichkeit erhalten kann. Meine Neurologin hat mir erklärt, dass FSHD bei jedem Patienten einen anderen Verlauf nimmt. Es gibt Patienten, bei denen bereits als Kind oder in ihrer Jugend die Krankheit ausgebrochen ist und diese sind oft sehr stark beeinträchtigt und sitzen im Rollstuhl. Dann gibt es Patienten, bei denen nur ganz leichte Beeinträchtigungen auftreten und die ein ganz normales Leben führen können. Bei mir brach die Krankheit ja relativ spät aus und ich denke mal, dass ich irgendwo in der Mitte liege.

Es ist gut zu wissen, dass es Menschen in meinem Leben gibt, die für mich da sind, wenn ich sie brauche. Und: Seit ich mit Stock durch die Gegend laufe, habe ich viele positive Erfahrungen mit der Hilfsbereitschaft meiner Mitmenschen gemacht. In öffentlichen Verkehrsmitteln werden mir Sitzplätze angeboten und wenn ich mit meinem Einkaufswagen einsteige, wird mir oft geholfen, den Wagen in den Bus zu hieven.

Ich bin sehr dankbar, dass ich viele Jahre meines Lebens keine Beeinträchtigungen hatte und mich frei und ungehindert bewegen konnte. Ich bin gerannt, gesprungen, habe getanzt, bin stundenlang mit meinen Hunden durch die Gegend gelaufen, alles Dinge, die ich nun nicht mehr kann. Aber ich konnte es mal und nun mache ich dafür andere Dinge und es geht mir gut damit und das ist die Hauptsache. Ich habe gemerkt, dass ich eine innere Kraft besitze, die mir geholfen hat, mit dieser Situation klar zu kommen und auf diese Kraft vertraue ich, dass sie mir auch weiterhin hilft, mit allem, was da noch auf mich zukommen wird, klar zu kommen. Ich mache mir nicht allzu viel Gedanken über die Zukunft. Ich war schon immer ein Mensch, der ziemlich stark im Hier und Jetzt lebt.

Ulrike Ticks-Sturm

Blickwinkel

FSHD... Ihr könnt mit dem lateinischen Ausdruck nichts anfangen? Ich auch nicht! Deshalb möchte ich euch gerne auf meine Art erklären, was FSHD für mich heißt.

FSHD ist mein ständiger Begleiter.

Früh morgens weckt es mich mit Schmerzen an unterschiedlichsten Stellen.

FSHD zeigt mir, dass ich anders bin.

Schräge Blicke, wenn ich aus einem Strohhalm trinke. Spöttische Kommentare, wenn ich im Schwimmbad liege, weil mein Oberkörper deformiert ist. Nachlassende Kraft, ständig müde sein und viel, viel Unverständnis.

FSHD zeigt mir aber auch jeden Tag, wie schön das Leben ist!

© Ulrike Ticks-Sturm

Zweimal in der Woche eine heilende Massage, jeder Sonnenstrahl wird wohltuend aufgenommen, schöne Momente werden bewusster und intensiver erlebt, das schiefe Lächeln verschwindet selten aus dem Gesicht, Gelassenheit wo andere verzweifeln und eine unheimliche Stärke, jeden Tag mit Freude zu meistern.

FSHD ist für viele nur ein Begriff. Für mich ist es eine nicht zu ändernde Einstellung!

Beatrice Steinert

Was bedeutet FSHD für mich?

Für mich bedeutet das, etwas zu haben, was ich nicht verstehe. Und egal, wie sehr ich mich anstrenge, dahinter zu kommen, einen Grund zu finden, der es mir leichter machen würde ... es bleibt verborgen.

© Beatrice Steinert

Die FSHD ist ganz schön gemein, weil sie sich leise in das Leben einschleicht, oft dann, wenn man gerade richtig loslegen will und Ziele für sich gefunden hat. Früher dachte ich, dass mein Leben aus festen Säulen besteht, so wie ein römisches Bauwerk. Heute weiß ich, dass es ein Kartenhaus ist. Als ich die Diagnose bekam, fühlte ich mich so, als hätte jemand eine der untersten Karten herausgezogen. Und alles, naja fast alles, stürzte ein. Natürlich lebte ich weiter und versuchte, mein Kartenhaus mit jedem Tag neu aufzubauen. Dennoch fehlt diese untere Karte und mich begleitet seither die Unsicherheit.

Die FSHD ist eine Herausforderung, nichts für Weicheier ;0). Nichts geht ohne sie, sie will mich überall hin begleiten. Egal ob beim Aufstehen, zur Arbeit fahren, bei den Therapien – sie drängt sich gern in den Vordergrund. Manchmal reicht es mir dann auch und ich schreie sie an: „Lass mich doch mal in Ruhe!" Doch sie bleibt. Und wir einigen uns auf Dinge, die ich tun kann, ohne dass sie den Ton angibt. So habe ich meinen Wohnraum angepasst, das Auto, ja sogar den Arbeitsplatz. Und siehe da, die FSHD schielt mich zwar an, aber sie hält auch einmal ihren Mund. Ich muss mich immer noch dran gewöhnen, dass sie mich auch weiterhin begleiten will. Dass sie ein Teil von mir ist. Aber eben auch nur das

– ein Teil. Es macht Sinn, diesem Teil Aufmerksamkeit zu schenken, denn wenn man die FSHD ignoriert ... sie zahlt es dir heim, notfalls mit Schmerz. Sie setzt ihre Daseinsberechtigung mit allen Mitteln durch. Ich sehe sie auch eher als eine Art Rolle. Davon hat jeder Mensch einige. Und so bin ich neben der FSHD-Inhaberin auch Tochter, Schwester, Freundin, Arbeitskollegin, Motorradfan und vieles mehr.

Ich glaube, Menschen mit FSHD haben ein unglaubliches Potential, schwierige Situationen zu bewältigen. Und sich (wieder) an den kleinen, unscheinbaren Dingen zu freuen. Vielleicht auch, weil man nicht mehr so schnell kann wie die heutige hastende Gesellschaft.

Durch die FSHD haben sich meine Parameter jedenfalls verschoben. Also meine Einstellung, mein Blickwinkel auf das Leben mit seinen Problemen und dem Umgang miteinander. Wenn man erst einmal weiß, wie unvorhersehbar das Leben sein kann und auch ist, fängt man beim Streiten gern auch einmal an zu lachen, weil einem die Sinnlosigkeit bewusst wird. Humor und Lachen sind für mich gute Ratgeber im Umgang mit der FSHD. Und ein Kleber, der die Karten meines Kartenhauses zusammenhält. Und ich hoffe noch weiteres zu finden, damit ich wieder mehr Stabilität erreiche. Und das im wahrsten Sinne des Wortes.

Silke Kuwatsch

Mehraufwand

Nehmen wir mal an, ich habe die Fernbedienung fürs Garagentor, durch das ich auch mit dem Rolli das Haus verlasse, im Auto vergessen, in der Ablage der Fahrertür. Von außen mit Rollstuhl unerreichbar.

Nehmen wir mal an, mein Mann holt sie.

Er läuft ums Auto herum, quetscht sich an der Wand entlang, öffnet die Tür, angelt den Schlüssel, schließt die Tür und retour das Ganze.

Keine dreißig Sekunden ...

Nehmen wir mal an, mein Mann ist nicht da.

Ich warte, während die Hecktüren aufschwingen, der Lift aufklappt, herunterfährt. Ich fahre auf die Plattform und hoch und ins Auto hinein. Ich parke hinter dem Fahrersitz, setze um, schwinge herum, bis ich die Türablage erreichen kann. Erkläre dem kleinen Hund, der inzwischen vorfreudig ins Auto gesprungen ist und auf dem Beifahrersitz wartet, dass wir nicht wegfahren, sondern nur die Fernbedienung holen. Ich fahre den Sitz wieder nach hinten, setze in den Rollstuhl um, rolle auf den Lift, senke ihn ab, rufe den Hund aus dem Auto, fahre den Lift hoch, sehe zu, wie er einklappt und die Hecktüren sich schließen.

Vier Minuten reichen nicht...

Korinna Westphal

Der Traum

Du läufst, Du springst, Du lachst und Du bist glücklich!
Das Gefühl ist unbeschreiblich!

Du bewegst Dich ganz normal wie jeder andere. Dein Unterbewusstsein weiß, dass das nicht der Zustand ist, den Du sonst hast, aber Du bist so glücklich. Du bist wie alle anderen Menschen, die im Traum bei Dir sind.

Dann kommt der Moment, in dem Du aufwachst. Du bist noch im Halbschlaf und hast noch das Glücksgefühl in Dir, das Gefühl zu laufen, gesund zu sein.

Dann drehst Du Dich um und kommst wieder ganz in Deinen Körper zurück. Das ist der Moment, in dem Dir bewusst wird, dass alles nur ein Traum war und Du Dich mit dem Körper, den Du hast, aus dem Bett quälen musst.

Du setzt Dich hin, stemmst Dich irgendwie in die Höhe und willst nicht glauben, dass es eben noch so schön war und alles so einfach.

Du versuchst, Dir die Enttäuschung über das alles nicht anmerken zu lassen, und setzt Dein Pokerface auf, aber so ganz gelingt es Dir nicht.

Aber irgendwann, im Laufe des Tages, findest Du Dich damit ab und versuchst aus dem, was Du hast, das Beste zu machen.

Jeden Tag aufs Neue!

Nicole

FSHD heißt, mit den Augen lächeln

Ich bin nicht selbst betroffen, habe jedoch als Physiotherapeutin ein wenig Erfahrung mit FSHD.

Bei neuen Patienten mit dieser Erkrankung habe ich jedesmal großen Respekt vor der Aufgabe. Es gibt so gut wie kein Buch, in dem ich mich informieren, keinen unmittelbaren Kollegen, den ich um Rat fragen kann. Ich muss den Patienten fordern, ohne ihn zu überfordern. Deshalb ist Kommunikation ganz wichtig, vor allem und unbedingt. Daneben fordert die FSHD Kreativität, Empathie und manchmal auch viel Kraft und ein beherztes Zugreifen, wenn man die Worte hört: Achtung, ich falle!

Wenn mich jemand fragt, was FSHD bedeutet, habe ich immer einen Satz im Hinterkopf: FSHD heißt, mit den Augen lächeln.

Einer meiner Patienten hat mir mal erzählt: „Mein Gegenüber weiß oft nicht, wann ich lächle.“ Er kann es nicht mit dem Mund tun, weil seine Gesichtsmuskulatur zu schwach dazu ist. Ich sehe es in seinen Augen. Wenn man länger mit einem Menschen zusammen ist, sieht man Mimik, wo kaum eine ist. Mir geht es jedenfalls so.

Mina

Aus unserem Leben

© Mina

Ich habe seit Kindesalter FSHD und mein Sohn ebenfalls.

Ich muss dazu sagen, dass bei mir anfangs Mimik und Arme hoch heben die ersten Anzeichen waren, aber ich sonst keinerlei Einschränkungen im Alltag hatte, wie z.B. Müdigkeit, Verschlechterung des Verlaufes usw.

Als mein Sohn geboren wurde, ging es abwärts mit meinen Beinen bzw. Füßen. Lange Strecken waren nicht mehr möglich und ständige Erschöpfung bzw. Müdigkeit waren die Folge, die sind mir auch leider geblieben. Die Muskeln wurden allgemein überall schwächer. Ich denke mir, dass in dieser Zeit familienbedingter Stress (Sterbefälle und familiäre Probleme) die Ursache der Verschlechterung war und bei meinem Sohn ebenfalls. Die Verschlechterung bei ihm kam meistens, wenn er Stress hatte (Probleme im Kindergarten durch ständige Wechsel des Personals oder in der Schule durch Schulwechsel).

Ernährung spielt, glaube ich, schon eine große Rolle. Ich merke es, wenn ich mich nicht gesund ernähre (nicht frisch gekochte Speisen, sondern fast food). Dann ist mein Körper schlapper und die Verdauung passt auch nicht. Sobald ich wieder selbst frisch gekochte Speisen zu mir nehme, fühle ich mich stärker und habe mehr Energie.

Ich mache auch seit über 7 Jahren Akupunktur und ohne Akupunktur ging es mir deutlich schlechter. Wenn ich Pausen eingelegt hatte, konnte ich nicht mehr am Alltag teilhaben vor Erschöpfung und Schmerzen.

Mein Sohn und ich nehmen die Vitamine und Spurenelemente aus der Montpellier-Studie ein (Vitamin C und E, Zink und Selen), dazu nehmen wir Vitamin D (hilft Immunsystem und Muskeln) und ich noch Vitamin B (Haarausfall).

Ein Erlebnis:

Ich habe FSHD mit vielen Facetten kennen gelernt, von „Ich will nicht mehr damit leben“ bis „Das Leben ist trotz FSHD doch schön“. Irgendwie kam mir mal der Gedanke, du bist zu krank, um gesund bzw. normal bewertet zu werden, aber zu gesund, um dafür zu sterben. Hört sich vielleicht verrückt an, aber sich mit einem gesunden Menschen zu vergleichen, ist nicht möglich. Wir wissen warum. Aber sich als schwer krank zu bezeichnen, ist auch nicht ganz richtig. Was ist dann mit Menschen, die durch eine Erkrankung nicht einmal 18 Jahre alt werden oder eine Erkrankung plötzlich bekommen und schnell daran sterben?

Mir sagte ein Psychologe einmal: „Sie müssen die Erkrankung akzeptieren.“ Ich sagte darauf: „Aber akzeptieren heißt für mich aufgeben, das kann ich nicht!“

Da bemerkte ich das erste Mal, dass ich mich in einem Dauerkampf befand. Also beschloss ich, die Erkrankung zu dulden. Ich habe es bis heute nicht akzeptiert, aber ich lebe damit. Mir fiel auf, dass vieles nur eine Sichtweise ist. Denn ich habe meine Erkrankung nicht geheilt, aber ich komme mit einer anderen Sichtweise besser damit klar.

Gedanken:

Als Mutter eines fast 11-jährigen Sohnes denke ich viel über die Zukunft nach und stelle mir vielleicht genauso viele oder sogar mehr „Was-wäre-wenn-Fragen“ als gesunde Personen. Was ich aber vergessen habe in der ganzen Zeit war: die Gegenwart! Ich lebe viel mehr in der Zukunft als in der Gegenwart. Da war ich selbst sehr überrascht, dass es nicht nur wichtig ist, was in der Zukunft ist, denn es ist wichtiger, in der Gegenwart zu sein, sonst verpasst man, einiges in der Gegenwart richtig zu machen und kann dann seine Pläne, die man für die Zukunft gemacht hatte, nicht verwirklichen. Also genieße ich jetzt noch mehr die Augenblicke und mache in der Gegenwart die richtigen Entscheidungen (hoffe ich zumindest) und hoffe auf eine bessere Zukunft für uns. Es lebt sich zumindest besser und ich habe nicht das Gefühl, dass ich in der Vergangenheit etwas versäumt habe.

Leben wir wirklich im 21. Jahrhundert?

Diese Frage habe ich im Laufe meines Lebens oft gestellt. Als mein Sohn in die 1. Klasse Volksschule kam, dachte ich nie, wie wichtig „außenstehende" Personen für ein Prägen anderer Personen sind. Als seine Lehrerin erfuhr, dass er eine Muskeldystrophie hat, meinte sie, er müsse in eine Sonderschule. Denn er ist behindert. Ich versuchte ihr klar zu machen und auch unser Neurologe, dass er eine körperliche Behinderung hat, aber geistig alles gut ist. Aber sie ließ sich nicht belehren und so hat sie ihm die Freude an der Schule genommen.

Er fühlte sich nicht mehr willkommen und ich rannte von Direktion bis zum Stadtschulrat. Aber ich bemerkte, dass eine Zukunft an dieser Schule nicht für uns möglich war. Daher beschloss ich einen Schulwechsel.

Dort ging es im ersten Jahr gut. Im zweiten Jahr kamen auch dort Bemerkungen wie: wenn er nicht das Seil hinaufklettern könnte, wäre er ein zukünftiger schlechter Mathematikschüler usw. Ich ließ aber diesmal nicht mehr zu, dass sie uns so behandeln und kämpfte für sein Recht. Ach übrigens: obwohl er nicht klettern kann, ist Mathematik sein Lieblingsfach und er hat auch gute Noten.

Aber bis heute ist es ein Kampf, ihn an eine öffentliche Schule gehen zu lassen. NUR weil die Pädagogin meint, er hat ein Handicap. Und? Er macht alles alleine und kommt mit dem Schulstoff doch klar. Also welches Problem hat sie dann damit? Ich kann es mir nur so erklären: er kann sein Lächeln nicht zeigen, durch die Erkrankung und sie braucht aber eine Bestätigung von jedem einzelnen Kind, wie toll und gut sie ist. Bei meinem Sohn sieht sie das nicht.

Traurig finde ich nur: wenn sie ihn akzeptiert hätte, hätte sie gesehen, wie er strahlen kann. Vielleicht nicht in seinem Gesicht. Aber in seinem Herzen. Er ist der tollste Junge für uns! Trotz all dieser negativen Erfahrungen wird er seinen Weg machen und das tut er auch jetzt schon so toll. Ich bin so stolz auf ihn! Ein Leben ohne ihn könnte ich mir nicht vorstellen!

Danke dass es dich gibt mein Schatz und ein Dankeschön an meine gesamte Familie für all diese großartige Unterstützung!

Ruth

Was es heißt

© Ruth

FSHD bedeutet: Jeden Tag ein kleiner Abschied Wieso komme ich jetzt nicht vom Stuhl hoch? Das ging doch gestern noch ...

Die Schüssel oben aus dem Regal holen ... hoppla, ich bekomme den Arm nicht mehr hoch genug.

Wieso gehorchen die Finger nicht mehr beim Tippen? Ich nehme doch lieber den Rolli, so oft wie ich in letzter Zeit gestürzt bin.

Moment mal, seit wann stütze ich denn meinen Arm beim Zähneputzen auf? Das habe ich ja noch gar nicht gemerkt...

Es ist zwar saukalt draußen, aber ich ziehe doch lieber die dünne Jacke an, die kriege ich leichter an- und ausgezogen.

Die Kleinkunstbühne im Kellergeschoss mit den vielen Stufen wird wohl künftig ohne mich als Zuschauer auskommen müssen. Dabei bin ich immer so gern hingegangen.

FSHD bedeutet aber auch: Sich immer wieder neu erfinden.

Den Katzenkratzbaum kann ich doch auch so hinstellen, dass ich mich beim Aufstehen drauf stützen kann.

Mal im Internet recherchieren nach Stühlen mit Aufstehhilfe ... Die Schüssel steht auf der Arbeitsfläche sowieso viel besser als im Regal.

Diese Kulis für Touchscreens mit dem Gumminöppel am Ende sind auch super zum Tippen auf der Computertastatur geeignet.

Staubsaugen und den Boden wischen geht auch im Sitzen.

Sieh mal an, da gibt es ein neues Kino mit barrierefreiem Zugang und superbequemen Sitzen.

Warum habe ich im Alltag eigentlich immer wieder Hemmungen, um Hilfe zu bitten? Kostet nichts, nur ein bißchen Selbstüberwindung.

FSHD bedeutet: Weniger Selbstständigkeit

Ich brauche

jemanden, der mir hochhilft, jemanden, der mein Auto betankt, jemanden, der mir am Arbeitsplatz den Rolli zum Auto bringt, damit ich sicher ins Büro komme - und das gleiche retour, jemanden, der den Haushalt schmeisst, jemanden, der mir bei zahllosen kleinen Alltagsproblemen zur Hand geht - vom Aufstehen bis zum Schlafengehen.

Ich habe diesen „Jemand" und bin dankbar dafür.

FSHD bedeutet auch: Lass Dir helfen!

Ich muss meinen Stolz überwinden, Lernen, Hilfe zu akzeptieren und meine Schwächen nicht als persönliche Niederlage zu betrachten. Es gibt Menschen, die gern und ohne Hintergedanken helfen!

FSHD kann

ein zwar ungeliebter, aber als unvermeidbar angenommener Begleiter werden, ein Filter sein, um Wichtiges von Unwichtigem zu trennen. Sie kann lehren, sich selbst nicht zu wichtig zu nehmen und doch wichtig zu sein.

Sie kann stark machen, auch wenn die Muskeln schwach werden.

Und FSHD kann mir nie die Freude am Leben nehmen.

Klar gibt es mal dunkelgraue Tage, aber danach kommen auch wieder wunderschöne, an denen große und kleine Unternehmungen einfach Spaß machen, an denen es aber auch genügen kann, die Nase in die Sonne zu halten und den Geräuschen der Natur zu lauschen oder im Café zu sitzen und „Leute zu gucken".

Das Leben will gelebt werden - mit oder ohne FSHD.

Silke Kuwatsch

Training mal anders

„Dein Mundwinkel hängt nicht mehr so runter, seitdem du Bellina hast“, sagt Katja.

Ich grinse verlegen. Mein Mundwinkel? Echt? Der hing mal? „Was hat das denn mit Bellina zu tun?“

„Ihr kommuniziert den ganzen Tag“, sagt meine Physiotherapeutin.

Tatsächlich rede ich mit dem Hund mehr als mit dem Mann an meiner Seite. Und wenn die Schnute in Bewegung ist, trainiert das die müde Muskulatur. Aber soll das tatsächlich meiner Mimik zu mehr Straffheit verholfen haben?

Ich betrachte Bellina, die sich wohlig streckt und leise dabei schnauft. Meine Mundwinkel stehen öfter im Zentrum ihrer Aufmerksamkeit, sie abzuschlecken ist schließlich ein Zeichen hündischer Liebe. Wie sie aussehen, ist ihr jedoch schnurzpiepegal. Ich muss grinsen. Und plötzlich durchschießt es mein Hirn. Ich lache viel öfter als früher. Lächle, wenn ich Bellina beim Schlafen zusehe, schmunzle, wenn sie um Käse bettelt, grinse, wenn sie leise wuffend vor sich hin mault, lache, wenn wir um den Socken kämpfen. Ich bin praktisch den ganzen Tag dabei, meine Mundwinkel zu trainieren.

„Hunde sind eben nicht nur Seelentherapeuten“, sage ich.

Katja nickt und hilft meinem Arm, sich nach oben zu strecken.

Suses Mund wird niemand mehr zum Lächeln bringen, denke ich. Ich habe Suse in der Reha getroffen. Sie war der erste Mensch in meinem Leben, der beim Kichern keine Mine verzog. Das war seltsam. Aber nur ungefähr drei Stunden lang. Dann fand ich ihre Augen ziemlich lebendig. Klar, jedes Augenpaar kann lächeln, aber Suses Augen können eben auch kichern, grinsen, schmunzeln und lachen. Man muss nur genau hingucken.

Zu Suse sagt man: „Guck doch nicht immer so böse, lach doch mal!“

Zu mir sagte man früher: „Beweg dich mal ein bisschen schneller, sei nicht so steif!"

Es ist doof, wenn man will, aber nicht kann und nicht weiß, wie man es erklären soll. Es geht eben einfach nicht. Mehr.

Einen Hund interessiert sowas nicht. Den interessiert nur, was geht. Nicht noch. Jetzt.

„Fertig", sagt Katja und winkt, als sie geht.

Ich hieve mich umständlich vom Bett. Und Bellina denkt nicht: Die Arme, das ist aber auch alles eine Scheiße, so ein Elend. Ihr Blick sprüht vor Erwartung und Freude: Yeah, hoch, raus, yippih, wir zwei ... Und während ich zum Aufzug tapse und bete, nicht ins Stolpern zu geraten, „Tüüüüt", rufe, weil der kleine Hund mir vor den Füßen rumtänzelt, grinse ich und trainiere neben dem Gleichgewicht mal wieder die Mundwinkel.

© Silke

Sabine

Die FSHD ist ein Teil unseres Lebens

Ich weiß noch wie groß meine Angst war, als ich die Diagnose bekam. Ich war allein im Krankenhaus, weit weg von meinem Partner und weit weg von meinen Eltern.

Unheilbar – ein Wort wie ein Hammerschlag.

Unheilbar, das waren Dinge wie Aids und Krebs. Ich wusste auch nicht so richtig, wohin mit meinen Gedanken. Eigentlich ging es mir doch gut? Ein bizarres Gefühl, sich gut zu fühlen und dennoch für unheilbar krank erklärt worden zu sein.

Vererbung? Sollte ich je Kinder bekommen? War das vertretbar? Würde der Traum einer Familie platzen? All diese Fragen und Gedanken machten mich verrückt.

Doch es gab einen Menschen, der mir glasklar erklärte, dass er mich immer lieben würde und auch unsere Kinder mich immer lieben würden. Er nahm mir oft Ängste und löste Gedankenstrudel auf. Gab mir Halt und hörte zu, wann immer es an mir nagte. Und er stürzte sich in das Abenteuer Familie mit mir. Ich danke ihm dafür, er erfüllte meinen Herzenswunsch.

Doch so groß die Freude über unser kleines Wunder war, umso öfter plagten mich die Fragen, was ich meinem Kind womöglich zumuten würde. Im besten Fall eine Mama, die nicht so fit war wie andere. Im schlimmsten Fall ein Leben mit Untersuchungen, Behandlungen, Einschränkungen. Ich hoffe noch immer, der beste Fall tritt ein.

Als dieses zauberhafte Mädchen unser Leben bereicherte, ließen viele Gedanken nach. Es war wichtiger, alles zu genießen, jeden Moment, jeden Augenblick. Hier und da hatte ich schubartige Verschlechterungen. Trotzdem versuchte ich alles zu tun, was unserem Mädchen gut tat. Ich trug sie fast ihr ganzes erstes

Lebensjahr nah bei mir. Tragetücher waren unsere täglichen Begleiter. Ich stille unser Mädchen noch heute, nach 21 Monaten, und versorge sie mit wichtigen Nährstoffen und Abwehrstoffen. Ich versuche ihr das beste Beispiel zu sein, wenn es um Bewegung und Ernährung geht. Aber vor allem liebe ich sie.

Die FSHD ist ein Teil unseres Lebens, unsere Familie wächst damit und lernt von ihr. Wir gehen damit um, weil wir es müssen und wir hoffen auf Heilung, damit unser Mädchen sorglos sein darf.

Unheilbar. Medizinisch gesehen wahrscheinlich schon und auch noch eine Weile lang. Psychisch gesehen dürfen wir uns nicht verlieren. Wir müssen die Momente auskosten, die uns glücklich machen. Die warme Frühlingssonne auf der Haut. Der raue Herbstwind in den Haaren. Und heiße Schokolade, wenn draußen der erste Schnee fällt. All diese Dinge und Momente sind so viel stärker und wertvoller als eine Diagnose.

© Sabine

Gruni

Wie schnell kann mein Rolli eigentlich?

So, hier mal eine witzige Story. Vorweg sollte ich aber erklären, was für einen Stuhl ich habe.

Mein Popo quetscht sich jeden Tag in den Easy 300 von Sopur. Das ist ein sehr solides und gutes Model (nicht, dass was neues oder anderes auch mal nett wäre). Durch die Muskelschwäche würde ich ohne extra Antrieb aber keine drei Meter weit kommen, deshalb habe ich zusätzlich noch in jedem Rad einen Restkraftverstärker, den e-Motion von Alber. Wer das nicht kennt, es funktioniert wie ein E-Bike (habe ich mir sagen lassen). Man muss ein bisschen was tun und der Motor macht was Richtiges daraus.

Jedenfalls hat es mich schon oft geärgert, dass ich, wenn ich bergab rolle, nicht wirklich schnell werde. Bei 7-8 km/h setzt die Motorbremse ein. Deshalb sind meine Freunde und ich auf die Idee gekommen, das doch mal ein wenig auszureizen.

Gesagt, getan. Eines schönen Winterabends (ohne Schnee, ich hab eh das Gefühl, dass es in unseren Breiten immer weniger schneit) haben wir uns eine lange gerade Strecke gesucht und mein Kumpel hat seine Vespa mitgebracht. Ich halte mich also hinten an der Vespa fest und er rollt langsam los.

5-8 km/h: alles in Ordnung, das kennen wir ja schon.
10 km/h: es fühlt sich etwas schwerfällig an, aber läuft.
10-15 km/h: ob das gut geht?
16 km/h: natürlich geht es nicht gut.

Was ist passiert? Erst dachte ich wow! Mit Gewalt kann man doch was erreichen, doch dann ... Ende. Die Räder blockierten und mein Rollstuhl ist prompt auf der Stelle stehen geblieben.

Wer in Physik aufgepasst hat, weiß, dass das nicht für den Körper gilt, der in dem Stuhl sitzt. Ich bin einfach wie Superman an der Vespa hängen geblieben und noch drei, vier Meter hinterhergeflogen. Zum Glück bin ich wegen meiner dicken Winterkleidung weich gelandet.

Fazit: Es war mega witzig, wegen des Unfallrisikos jedoch nicht unbedingt wiederholenswert. Aber ... wenn einer jemanden kennt, der jemanden kennt, der diese Motorbremse ausbauen kann, bitte melden!

Henry Jürgens

Leben mit FSHD

So heißt unsere nette Gruppe im Internet. Die Betonung liegt auf Leben als Aktivität.

© Henry Jürgens

Die FSHD war viele Jahre kein Bestandteil meines Lebens. Bis in die hohen 30er Jahre war mein Leben völlig vergleichbar mit dem meines gleichaltrigen Umfelds. Seit gut zehn Jahren bin ich dabei, ein Leben mit FSHD anzunehmen und so zu gestalten, dass da möglichst viel Sinnhaftigkeit und Glück und möglichst wenig Wut und Depression das Leben prägen.

Geboren bin ich 1967 als erster Sohn einer Familie der ambitionierten Mittelschicht. Vater Gymnasiallehrer und Zehnkämpfer, Mutter eine höhere Tochter aus einem Wirtschaftswunder-Unternehmerhaushalt. Da waren die Erwartungen an den Sohn, der in diese Welt hineingeboren wird und im Gegensatz zu der Kriegskinder-Elterngeneration alle Chancen hat, natürlich sehr groß.

Zunächst lief auch alles nach Plan. Das Gymnasium lief einigermaßen, und die Sportkarriere war für mich das große Ziel als 12-jähriger Basketballer.

Dann merkte ich, dass ich im Sport nur noch gehobenes Mittelmaß war, und mit 15, 16 Jahren gab es nach einem Diagnosemarathon die Gewissheit, dass ich bestimmt kein großer Sportler mehr werde, dass ich von nun an irgendwie etwas Besonderes bin und auch alles irgendwie anders sein wird.

Das realisiert man aber als Jugendlicher nicht so wirklich, beziehungsweise will man es sich nicht so richtig vorstellen und verdrängt das Ganze. Nachdem ich nach dem Abitur und der anschließenden kaufmännischen Lehre für mich den Entschluss gefasst hatte, dass es auch nicht glücklich macht, einen „vernünftigen" Beruf zu ergreifen, der im Alltag viel Frust bringt, habe ich mich für ein Lehramtsstudium in Sport und Biologie entschieden.

Irgendwie war klar, dass die „fitte" Zeit, in der mir die Welt offen steht, nicht ewig dauert, und mit der FSHD erst recht nicht. Also bietet ein Studium auf jeden Fall den Freiraum, das Leben in vollen Zügen zu geniessen. Neben der Uni war ich mit meiner Punk-Rock Band unterwegs, habe viele Menschen kennengelernt und dabei viele intensive, prägende, lehrreiche und skurrile Erfahrungen gemacht. Das war spannend und die FSHD war sehr weit weg. In den Semesterferien habe ich als Surflehrer, Mountain-Bike Guide, Ski- und Snowboardlehrer, Reiseleiter, Campkoch und Kletterlehrer gearbeitet. Das waren im Jahr drei tolle Monate unter Menschen mit Urlaubsstimmung, großartigen Naturerlebnissen, aufregendem Abenteuersport und einem hohen Sozialstatus bei Mitarbeitern und Gästen. Ich war der angehimmelte Surflehrer, der ein tolles Leben, unheimlich viele Freunde und sehr gute Karten bei den Damen hat.

Alles perfekt - perfekte Verdrängung der Lebenswirklichkeit.

Als sich die FSHD dann in den hohen 20er Jahren wieder meldete, war die Frustration groß. Ursprünglich hieß es, dass das Gesicht und der Schultergürtel betroffen seien. Bei mir verschwanden die Waden. Mist. Bei meinen geliebten Ballsportarten wie Basketball oder Eishockey, die hobbymäßig und zum Erhalt meiner Fitness feste Bestandteile meines Lebens waren, stellten sich die ersten Probleme ein. Mit meinen gesunden Freunden konnte ich so langsam nicht mehr richtig mithalten. Die letzten praktischen Prüfungen im Sportstudium habe ich dank meiner damals schon fortschrittlichen Dozenten auch geschafft. Den Dozenten ging es darum, dass man sich mit der Materie auseinandersetzte, die Bewegungsmuster im Kopf hat und Begeisterung bei der Vermittlung von Sport zeigt, und weniger um den perfekten Handstand-Überschlag mit 1a Haltungsnote. Diese Sichtweise ist im Umgang mit Behinderung im Berufs- und Lebensalltag äußerst weitsichtig, aber leider noch in vielen Bereichen nicht in der Gesellschaft angekommen. Da gilt dann eher das Motto des bösen 70er Jahre Kinderspruchs: Keine Arme – keine Kekse.

Jedenfalls konnte ich diese Einbuße meiner körperlichen Leistungsfähigkeit schlecht akzeptieren. Dagegen musste ich mich wehren und begann mit Triathlon. Hier ging es um Ausdauer und einen eisernen Willen. Da habe ich gekämpft. Das hat Mut gemacht, da ich recht fit war, aber die Grenzen waren klar. Mit 32 Jahren habe ich den letzten Triathlon gemacht, und mit einem anschließenden Kreatininwert von über 1000 war das schon großer Quatsch. Da ging es mir auch den Tag darauf nicht gut, und es war klar, dass alleine der Kopf die FSHD auch nicht vergessen machen kann.

Mit Ende 20 stand dann das Thema Zukunftsplanung auf der Agenda. Dass ich nicht ewig der „Reisebranchen-Sunnyboy" bleiben würde, war mir schnell klar. Das wäre ein Weglaufen vor der Realität. Da habe ich auch gut den Absprung bekommen und nach acht intensiven Jahren mein „Nebenbei-Studium" – im Gegensatz zu einigen Reisebranchen-Kollegen – abgeschlossen.

Aber was ist mit Familie? Mit zwei Frauen (nacheinander) gab es das ernste Thema Familiengründung. Ich habe zwei Mal gekniffen. Die 50% Chance oder die ethisch und finanziell bedenklichen „in Vitro Geschichten" in Belgien, haben mich im Unterbewusstsein daran gehindert, eine eigene Familie zu gründen. Rational gesehen kann man das alles sicherlich organisieren und abwägen. Ich habe mich zu dem Zeitpunkt nicht getraut.

Das dritte Lebensjahrzehnt war relativ ruhig. Der Berufseinstieg lief gut. Sportlich ging zwar weniger, aber zu dem Zeitpunkt war ich im Alltag noch nicht außergewöhnlich eingeschränkt und habe mich mit Musik, Schule und Erziehungsaufgaben bei den pubertierenden Kindern meiner damaligen Lebensgefährtin engagiert. Wenn man ein volles Programm und viele erfüllende Aufgaben hat, kommt man auch nicht ins Grübeln. Funktioniert über einen gewissen Zeitraum super – zumindest bei mir.

Mit Golf habe ich einen prima Senioren- und Behindertensport entdeckt. Ich hatte viel Bewegung an der frischen Luft. Und ein sportliches Mithalten trotz der Behinderung war auf jeden Fall für das Selbstbewußtsein großartig. Doch die täglichen zwei Stunden auf dem Golfplatz forderten ihren Tribut. Durch die fehlenden Muskeln macht man Ausweichbewegungen und dann werden Sehnen und Gelenke zu stark belastet. Nur noch zwei Mal Golfspielen in der Woche, und nicht mehr der Ehrgeiz, bei Turnieren mit den Muskelmenschen mitzuhalten, brachten da wieder ein gesundes Maß herein.

Mit Ende 30 kam dann die erste echte große Sinnkrise.

Die Bewältigung des Alltags fiel mit der FSHD doch immer schwerer. Erschöpfung und Müdigkeit nahmen zu, und die Gewissheit, dass das alles nur noch schlimmer werden würde, brachten mich an den Rand einer Depression. Da ist der Übergang ja fließend. Der Zusammenbruch war vorprogrammiert, wenn ich nicht den aktuellen Lebensstil ändern würde.

Ich erkannte: Es geht um Leben mit FSHD und nicht um Leben gegen oder trotz FSHD. Ein „weiter so“ konnte es nicht geben. Einen Lebenssinn und einen positiven Blick in die – körperlich eingeschränkte – Zukunft galt es zu finden. Ob nun Psychotherapie oder Glaube, die Auseinandersetzung mit sich selbst war zu diesem Zeitpunkt der „Midlife-Crisis“ oder Akzeptanz der Erkrankung eine aufwendige und schmerzhafte Erfahrung. Letztlich gibt es viele Hilfen, aber einen Plan oder Weg, um mit der FSHD zu leben, muss man doch alleine finden, ganz individuell.

Ich habe das Glück, dass ich mit 40 Jahren meine heutige Ehefrau kennen gelernt habe und wir gemeinsam einen Plan für unser weiteres Leben angegangen sind.

Punkt 1: Sozialkontakte

Wir sind aktiv, sind vom Land in die Stadt gezogen und haben viele neue Freunde gefunden, um die wir uns auch intensiv bemühen.

Punkt 2: Work-Life-Health Balance

Was tut uns gesundheitlich gut, was schadet? Ausreichend Schlaf, gemeinsame Zeit und vor allem Zeit für die tägliche Reha (Fahrrad fahren, Schwimmen und die täglichen 20 Minuten Physio auf der eigenen Matte und dem Galileo).

Wir haben uns Mühe gegeben, den Arbeitsalltag, unser Haus und unser soziales Leben so einzurichten, dass die Bedingungen dafür, mit der FSHD so fit wie möglich zu bleiben, gut sind. Mir macht es einfach mehr Spaß, meine Übungen zu machen, wenn ich einen schönen Raum mit guten Geräten habe und dabei meine Lieblingsmusik hören kann. Dafür spare ich dann eben an anderen Ecken.

Punkt 3 möchte ich allen Menschen mit FSHD und den Angehörigen ans Herz legen: Urlaub mit FSHD

Urlaub war mir immer sehr wichtig, und ich halte diesen Abstand vom Alltag zu Hause auch für sehr förderlich, um ein zufriedenes Leben führen zu können. Wir wollen nicht drei Monate in Spanien überwintern, da unser Leben und unsere Sozialkontakte hier stattfinden. Aber mehrfach im Jahr 1-2 Wochen mal rauskommen, das ist schon toll. Und das schafft man auch bei überschaubaren Kosten.

Wir haben uns einen kleinen, gebrauchten Wohnwagen und zwei elektrische Mountainbikes gekauft. Damit sind wir spontan und mobil. Mit den Pedelecs bleiben wir in Bewegung und kommen ohne Parkplatzprobleme und lange Laufstrecken überall hin. Wenn ich mit dem normalen Pedelec irgendwann nicht mehr klarkomme, gibt es auf jeden Fall ein Dreirad oder einen Scooter. Inzwischen ist es mir egal, ob das cool oder uncool aussieht. Ich bin an der Luft, in Bewegung und mobil. Mit dem Pedelec komme ich an Orte, die ich schon seit Jahren nicht mehr mit dem Auto oder zu Fuß erreiche. Es ist herrlich, im Allgäu auf breiten Wander-, Forst- und Fahrradwegen mit dem Pedelec wieder „Bergwandern" zu können oder am Meer an den Uferpromenaden und Küstenwanderwegen entlangzugleiten.

Ausgangspunkt sind meist kleine, private Campingplätze. Die findet man mit etwas Mühe im Netz und zahlt in der Regel zwischen 20 und 30 Euro pro Nacht für zwei Personen incl. Auto und Wohnwagen. Die meisten sind sehr behindertenfreundlich mit ebenerdigen, separaten sanitären Anlagen.

Nun zum Problem mit der FSHD am Strand oder Badesee. Da bin ich natürlich, wie die meisten von uns, auch ein wenig eitel. Mit den Streichholzbeinen, ohne Bizeps und dem vorstehenden Bauch aufgrund der FSHD-Lordose zieht man schon Blicke auf sich. Das ist unangenehm. Man erregt Aufmerksamkeit und wird sehr gesondert wahrgenommen.

Wir haben für uns einen sehr beglückenden Weg gefunden: FKK Camping mit FSHD.

Das war bis vor sechs Jahren für uns totales Neuland und mit einer gewissen Skepsis verbunden. Etwas Überwindung gehört schon dazu. Spannen ist beim FKK allerdings nicht angesagt. Man ist dezent und freundlich zueinander. Nackt sind halt alle gleich. Ob dick, dünn, alt, jung, mit oder ohne Tattoo oder Piercing oder mit oder ohne Behinderung. Da wird niemand angestarrt und es gibt keine Badebekleidungsmodenschau. Der Umgang und die Toleranz sowie die Aufgeschlossenheit anderen Menschen gegenüber ist einfach anders. Auf vielen FKK Anlagen spürt man den Geist der Naturistenbewegung aus den 20er Jahren des letzten Jahrhunderts. Freundlich sein, aufeinander zugehen und im Einklang mit der Natur und den Mitmenschen leben. Das hört sich jetzt fast nach Esoterik oder einer Sekte an, ist aber nicht so. Man muss da keine tiefe Verwurzelung mit der Naturistenbewegung haben. Einfach freundlich und und offen auf die anderen Gäste zugehen, und dann kommt auch etwas zurück.

Das Kofferradio und die tägliche laute Grillparty sind auf den meisten Plätzen eher verpönt. In den letzten Jahren haben wir fast ausschließlich sehr positive Erlebnisse auf den Naturisten-Campingplätzen gehabt. Haben viele Menschen – auch Menschen, die auf Rolli, Rollator oder Gehstock angewiesen sind – kennengelernt und uns über diese Form, Urlaub zu machen, ausgetauscht. Es ist wirklich ein entschleunigtes kleines Rückzugsgebiet für Menschen, die aus Alters- oder Behinderungsgründen einen Schutzraum in lauten und schnellen Zeiten des Pauschalurlaubs suchen. Und diese Stimmung und Achtsamkeit spürt man sofort, weshalb man dort auch immer auf Menschen trifft, die das genau so empfinden und suchen. Und dann vergisst man beinahe, dass da ja auch noch die blöden Streichholzbeine, die Spaghetti-Arme und der FSHD-Bauch sind.

Karin Zibulski

Irgendwie mein Leben

Am 18. August 1986, an einem Montag, kam ich viel zu früh auf die Welt. Seit der ersten Minute meines Lebens begann der Kampf zu überleben.

Meine Kindheit verbrachte ich wohlbehütet von meinen Eltern und Großeltern. Ich war ein wildes Kind, immer auf irgendwelchen Bäumen, Dachböden oder Weiden unterwegs. Ich liebe die Natur, sie stärkt mich.

Schon früh merkte ich, dass etwas an mir anders war. Meine Müdigkeit machte viele Dinge unmöglich. Oft fehlte es an Konzentration durch Energiemangel. Ich habe voltigiert, getanzt und bin geritten. Doch meine Kraft wurde weniger. Ich hörte mit dem Voltigieren auf, mit dem Tanzen und mit dem Leistungssport Reiten.

Die Schule überlebte ich. Die Ausbildung zur Rettungsassistentin hat mir viel Spaß gemacht. Ich absolvierte mein praktisches Ausbildungsjahr bei der Feuerwehr. Eine geile Zeit.

Bei der Feuerwehr lernte ich meinen Mann kennen - ein toller Mann, der weiß, wann es mir schlecht geht oder ich faul bin. Ich merkte immer häufiger meine Schlappheit, meine Müdigkeit.

Mein Arztmarathon begann....

Ich war beim Neurologen, beim Endokrinologen, beim Hämatologen, beim Rheumatologen usw. Es wurde nichts festgestellt. Ich sollte es mit Antidepressiva versuchen.

2010 bekam mein Vater Probleme mit seinem rechten Bein, er stolperte oft, ein paar Monate später wurden seine Arme müde – und sein Ärztemarathon begann. Er war beim Neurologen, beim Neurochirurgen, beim Internisten ... Eher durch Zufall, durch eine Sportverletzung, musste mein Vater zu einem Orthopäden. Der sagte ihm ganz direkt: „Sie haben eine Muskeldystrophie namens FSHD."

Sprachlos und den eigentlichen Grund des Arztbesuches vergessend, ging mein Vater nach Hause. Er rief mich an, und ich guckte erstmal, was Dr. Google sagt.

Was ich da las, machte mir Angst. So eine schreckliche Krankheit hat mein Papa. Ich heulte eine ganze Weile. Sah meinen Papa schon im Rollstuhl sitzen. An mich dachte ich am Anfang nicht. Ich war gesund. Gerade ein paar Wochen vorher war ich beim Arzt gewesen, hatte ihm von meinem Kinderwunsch erzählt, gefragt, ob es möglich sei, dass ich etwas Vererbbares hätte. „Nein, Sie sind gesund. Sie können schwanger werden. Es gibt nichts, was sie vererben könnten, wir haben alles untersucht."

Meine Familie, mein Mann (damals noch Freund) und ich setzten uns zusammen, überlegten, was wir tun könnten, waren sprachlos, verzweifelt. Ich machte einen Termin beim Neurologen, bekam umgehend einen am 28.09.2010.

Beim Vorgespräch wurde ich nach meinen Beweggründen gefragt. Ich erzählte von der Verdachtsdiagnose meines Vaters. Der Arzt wollte mich beruhigen, erzählte mir, dass ich meinen Job nicht machen könnte, wenn ich eine solche Erkrankung hätte. Er fragte mich, ob er meine Muskelströme mit einer Sonde messen dürfte. Ich dachte mir nichts dabei (eine ganz böse Untersuchung).

Nach dem Test setzte er sich vor mich und sagte: „Nun hat der Scheiß endlich einen Namen: FSHD." Ich wurde krankgeschrieben. Dabei fühlte ich mich nicht krank. Ich fühle mich schwanger.

Ich ging zum Gynäkologen, der sagte mir, meine Hormone würden verrückt spielen, ich sei nicht schwanger, nur durcheinander. Zwei Wochen später fühlte ich mich immer noch schwanger. Wieder beim Gynäkologen war ich es dann auch, in der 6. Woche. Das war am 11.10.2010. Ab diesen Zeitpunkt wollte ich erst mal nur noch schwanger sein, nicht krank.

Mein Sohn ist ein Wunschkind, wir haben dieses Kind herbeigesehnt und er ist da. Am 31.05.2011 erblickte er das Licht der Welt, per Kaiserschnitt, aber geplant in der 38. Schwangerschaftswoche.

Ein tolles Babyjahr begann.

Im Dezember 2012 wurde mein Opa schwer krank, meine Großeltern, mein Ruheort an dem ich immer Pause machen konnte, Kraft tanken konnte, wenn mir keiner glaubte. Mein heiliger Opa, mein Ein und Alles wurde krank. Auch heute noch bekomme ich schwere Schmerz- und Erschöpfungsschübe, wenn ich emotionalen Stress habe. 2012 ging es mit meiner Kraft bergab.

Schon am 04.02. 2013 verstarb mein Opa. Ich fing wieder an zu arbeiten.

© Karin Zibulski

Meine Oma wurde krank. Ein halbes Jahr nach meinem Opa verstarb auch sie. Ich hatte keine Kraft mehr.

Ich wurde krankgeschrieben, verlor meinen Job als Rettungsassistentin in einer Notaufnahme.

War wieder nur Mutter, eine depressive Mutter.

Meine Kraft war weg, mein Mann und mein Kind mein einziger Halt.

Am 01.04.2014 heiratete mich mein Mann, recht spontan, doch von ganzem Herzen.

Ich durfte Ende April in eine Rehaklinik nach Bad Segeberg. Eine tolle Zeit. Vier Wochen nur mein Kind und ich. Wasser, Natur und Ruhe. Wir konnten viel Kraft tanken und starteten durch.

Ich beantragte eine Umschulung zur Leitstellendisponentin (Anrufannahme 112). Ich ging sehr offen mit meiner Erkrankung um, leider bekam der Chef der Leitstelle kalte Füße und ich keine Stelle.

Ich fing an, in der Flüchtlingshilfe zu helfen. Mehr durch Zufall bekam ich einen Job in einer Notaufnahme. Ein toller Job. Tolle Kollegen. Ich fand meine Kraft wieder. Diese Stelle hat mich glücklich gemacht, sie hat mir Kraft gegeben. Und trotzdem war es kein Job für die Ewigkeit.

© Karin Zibulski

Mein Mann schickte mir ein Bild von einem Stellenangebot in einer anderen Leitstelle. Ich bewarb mich, ohne Hoffnung und BÄÄÄÄNG ... ich bekam, ganz ohne diese schreckliche Rentenkasse, DIE Stelle. Momentan bin ich der glücklichste Mensch auf der ganzen Welt. Ich habe einen tollen Mann, ein tolles Kind, einen tollen Job und eine Krankheit, die das alles nicht verhindern kann.

Diese Krankheit hat mit gezeigt: schlimmer wäre es in der Wüste ohne Wasser.

Marlies Baley-Panzenböck

Oft sind es die kleinen Dinge im Leben…

© Melanie Hebenstreit

die einen vor Wut weinen, vor Angst erstarren, vor Freude strahlen und in Liebe aufgehen lassen. Als FSHD-Erkrankter lernt man schnell sich über Kleinigkeiten zu freuen und dass diese auch sehr verletzen können. Vieles, was für gesunde Menschen selbstverständlich ist, stellt für uns eine große Hürde dar.

Es ist zum Beispiel der Gehsteig, der mir häufig die Nerven raubt, ich stehe davor und kann den Gehweg ohne Unterstützung nicht erklimmen. Gleich ob es nur ein parkendes Auto ist oder eine Person, die mir helfen muss, von so einer kleinen Stufe aufgehalten zu werden, ist wirklich nicht schön. Diese Hilflosigkeit und der Verlust der Selbstständigkeit ist eine schwere Prüfung für die Seele.

Eine weitere Sache, die mich extrem trifft, ist wenn Menschen in die Hocke gehen, das hört sich vielleicht seltsam an, aber da kommt doch ein gewaltiges Gefühl von Neid und Trauer auf. Ich möchte zum Beispiel auch die Nachbarkatze im Garten streicheln und nicht nur auf sie herabblicken und versuchen ihre Schwanzspitze zu berühren. Man glaubt gar nicht, wie oft diese Bewegung der Kniebeuge im Alltag notwendig ist, wir FSHD-Betroffenen wissen dies nur zu genau. Besonders wenn Bücken auch keine Option mehr ist.

Durch solche Situationen bekommt man Wut auf die Krankheit und auf sich selbst, oder man hat bereits weit im Vorfeld einer Situation Angst, ob die bevorstehende Barriere ein Problem werden könnte. Ich war schon immer ein sehr positiver Mensch und werde auch sehr gerne als „Sonnenschein„ bezeichnet und trotzdem ist es wichtig , sich zur Aufarbeitung der Wut und der Angst professionelle Unterstützung zu holen. Mir hat dies sehr geholfen, um unnötigen emotionalen Ballast abzuwerfen und einen leichteren Weg mit meiner Krankheit zu gehen. Natürlich gibt es im Alltag auch viele wunderbare Kleinigkeiten, die mich wiederum stärken. Ein Gurkenglas, welches ich selbstständig, nach den letzten 2 verschlossen gebliebenen Gläsern, öffnen kann. Ein Handtuch, das ich ganz alleine vom oberen Fach im Schrank herunter hole. Mein Hochbeet, in dem ich mit nur sehr wenig Hilfe Salate, Gewürze, Obst und Gemüse zum Wachsen bringe. Der großartige Wäschekorb mit Rädern, der mir das Tragen erleichtert. Mein Gehstock, der mich schon oft vor Stürzen bewahrt hat und meine Beinschiene, die nicht wie meine vorherige alle 9 Monate zerbricht und mich auch normale Schule tragen lässt.

An viele Dinge muss man sich erst gewöhnen, wenn etwas Selbstverständliches nicht mehr funktioniert, braucht man eine gewisse Zeit um dies anzunehmen. Doch dank vieler Hilfsmittel kann man häufig etwas eigentlich Unmögliches doch schaffen. Neben den vielen kleinen Dingen darf man dabei aber auch die Großen nicht vergessen. Mein Mann zeigt mir durch seine Liebe auf Augenhöhe, dass ich nur auf meine Krankheit bezogen zwar anders, aber im Herzen ein ganz normaler Mensch bin. Dies ist eine Bestätigung, die für mein Selbstvertrauen ausgesprochen wichtig ist.

Obwohl ich hier viel vom Verlust der Selbstständigkeit als negative Sache schreibe, möchte ich im Zuge dieses Textes allen Menschen sagen, wie großartig sie sind. Warum? Es ist für sie ganz normal, dass sie auf mich warten, weil ich so langsam bin, sie verzichten auf Vieles, weil ich es nicht kann. Ich weiß immer, dass sie mir helfen werden, es aber auch akzeptieren, wenn ich etwas mit eigener Kraft schaffen möchte. Obwohl sie mich bei vielen Tätigkeiten unterstützen müssen, gibt es auch eine Vielzahl an Dingen, bei denen ich eine wichtige Stütze für sie bin. Ob es mein Mann ist, meine Familie, meine Freunde oder Fremde auf der Straße... Danke für Alles!

Micky

Aus der Sicht eines Partners

Die wenigsten von uns Partnern leiden unter einem Helfersyndrom oder sind mitleidgesteuert. Unser Antrieb ist ein hormoneller, umgangssprachlich auch Liebe genannt. Deshalb ist es uns peinlich, als „Held“, „selbstlos“ oder „aufopferungsvoll“, also als eine Art „Mutter Theresa“, angesehen zu werden.

Natürlich ist eure Krankheit ein sichtbarer und spürbarer Teil von euch, aber eben nur ein Teil. Ebenso wie euer Kampfgeist, euer Humor, euer Witz, euer Charme. Und nicht zuletzt könnt ihr sehr sexy sein.

Ihr habt uns nicht ‚erhört‘, weil ihr einen Pfleger braucht (hoffe ich doch), sondern weil wir etwas an uns haben, was euch gefallen hat.

Und wir sind nicht mit euch zusammen, weil wir Pfleger sein wollen, sondern weil ihr die Menschen seid, mit denen wir unser Leben verbringen wollen - Krankheit hin oder her.

Anhang

Was heißt FSHD?

FSHD bedeutet fazio-skapulo-humerale Muskeldystrophie. Dies weist schon auf die hauptsächlich von Muskelschwund betroffenen Muskelgruppen hin - Gesicht (fazio), Schultergürtel (skapulo), Oberarme (humeral). Das Ausmaß der Muskelschwäche sowie der Krankheitsverlauf sind jedoch sehr individuell, so dass auch Rumpf- und Beinmuskulatur betroffen sein können. Auch eine Herzbeteiligung wird bei einem Teil der Betroffenen beschrieben, in seltenen Fällen kann es auch auch zu Veränderungen in den Netzhautgefäßen des Auges kommen.

Was passiert eigentlich bei FSHD?

In den FSHD-Zellen wird durch einen genetischen Defekt der Transkriptionsfaktor DUX4 produziert, der eine stark toxische Wirkung in den Skelettmuskelzellen entfaltet und in letzter Konsequenz gehen die Muskelzellen kaputt. DUX4 ist in den „normalen“ Zellen stillgelegt und schläft. Deshalb zielt die Suche nach einer Therapie hauptsächlich auf die Hemmung von DUX4.

Die Diagnosegruppe FSHD der Deutschen Gesellschaft für Muskelkranke (DGM e. V.)

Wir sind selbst an FSHD erkrankt, wollen informieren, helfen, fördern, werben, Erfahrungen und Wissen teilen.

Wir wollen Wissenschaftler, Ärzte, Pharmazeuten zusammenbringen.

Wir wollen die Forschung unterstützen, in dem wir uns für den Aufbau eines Patientenregisters einsetzen, an der Erstellung einer Forschungsagenda zu FSHD in der DGM e.V. mitwirken und durch Fundraising-Aktionen benötigte Mittel beschaffen.

Wir arbeiten mit europäischen FSHD-Selbsthilfegruppen zusammen und sind Mitglied des europäischen Netzwerkes FSH-Europe.

Wir veranstalten Symposien, wie z. B. den FSHD-Tag 2016 in Berlin, an dem führende FSHD-Therapieforscher und andere Spezialisten ihr Wissen mit uns teilen.

Betroffene sowie Eltern betroffener Kinder laden wir herzlich in unsere geschlossenen Facebook-Gruppen ein.
Hier findet ständig ein reger Austausch statt:
Allgemeine Gruppe:
https://www.facebook.com/groups/fshd.de/
Eltern-Kind-Gruppe:
https://www.facebook.com/groups/439302269611926/
Weitere Informationen - immer aktuell - finden Sie auf unserer öffentlichen (keine Anmeldung erfoderlich!) Facebookseite
https://www.facebook.com/fshd.de/
und unserer Diagnosegruppenseite auf der DGM-Homepage
https://www.dgm.org/diagnosegruppe/fshd/diagnosegruppe-fshd

Mit dem Erwerb des Buches unterstützen Sie die Arbeit der FSHD-Diagnosegruppe der DGM mit 5 €.

Natürlich freuen wir uns über jeden Betrag, der uns hilft, unsere oben genannten Ziele zu verwirklichen. Wenn Sie uns mit einer Spenden unterstützen möchten:

Spendenkonto Diagnosegruppe FSHD:
Deutsche Gesellschaft für Muskelkranke e.V.
Diagnosegruppe FSHD
Bank für Sozialwirtschaft
IBAN: DE05 6602 0500 0007 7722 12
BIC: BFSWDE33KRL

Quellen

Alle Informationen rund um das Thema FSHD stammen von der Homepage der DGM und den Experten, die uns diese dort zur Verfügung stellen. Die hier verwendeten Texte enthalten frei formulierte Auszüge und Ergänzungen.

Die dargestellten Fotos wurden aus dem privaten Fundus der Autoren zur Verfügung gestellt und sind entsprechend ihrer Herkunft gekennzeichnet.

Alle Ilustrationen in diesem Buch stammen von Sophie Buchmann, genannt Soso.

Dankeschön ...

... dass dieses Buch das Licht der Welt erblicken durfte.

Dank an alle Autoren, die mit ihren so ehrlichen, liebevollen und bildhaften Texten dies ermöglicht haben.

Dank an Marlies Baley-Panzenböck, die dem Manuskript zur Druckreife verholfen hat, an Sophie Buchmann für ihre individuellen Illustrationen zu den Gedanken unserer Autoren, an unseren Cover-Designer Christof Luckas und nicht zuletzt an Ruth und Roland für das Aufstöbern der Fehlerteufel.

Dank an alle, die das Buch lesen und anderen Menschen ans Herz legen, die mit uns ins Gespräch kommen und auf ihre eigene Art unsere „Sache“ zu ihrer machen.

Dank an alle, die forschen und helfen und alle, die uns in unserem Bemühen um Aufmerksamkeit und Therapie finanziell unterstützen.